KB066673

차시	날짜		빠르기	정확도	확인란
1	월	일	타	%	
2	월	일	타		
3	월	일	타		
4	월	일	타	%	
5	월	일	타	%	
6	월	일	타	%	
7	월	일	타	%	
8	월	일	타	%	
9	월	일	타	%	
10	월	일	타	%	
11	월	일	타	%	
12	월	일	타	%	

차시	날짜		빠르기	정확도	확인란
	월	일	타	%	
14	월	일	타	%	
15	월	일	타	%	
16	월	일	타	%	
17	월	일	타	%	
18	월	일	타	%	
19	월	일	타	%	
20	월	일	타	%	
21	월	일	타	%	
22	월	일	타	%	
23	월	일	타	%	
24	월	일	타	%	

한눈에 알아보는 책의 구성

» 학습 목표 확인하기

오늘 배울 내용을 확인해요.

CHAPTER **01** »»

중국의 굴욕적인 역사 탕수육

학습목표

★ 한글 프로그램에 대해 알아보아요.
★ 입력된 내용의 간격을 조절하고 텍스트를 수정해요.

실습파일 탕수육.hwp   완성파일 탕수육(완성).hwp

» 완성작품 미리보기

작업 전 완성된 작품을
미리 살펴보아요.

완성작품 미리보기

맛있는 탕수육을 즐기기 위한 방법에 대해 한국인들은 오랫동안 반대되는 두 가지 취향을 고집하고 있다. 탕수육과 곁들이는 새콤달콤한 소스를 부어 먹을 것(부먹)인지, 찍어 먹을 것(찍먹)인지에 대한 의견 차이인데, 대립하는 의견이 좀처럼 좁혀지지 않고 있는 것으로 보인다.

부먹의 입장
"소스가 고기튀김에 스며들어 함께 어우러지는 맛과 식감을 좋아하며 그것이 탕수육의 원래 모습이에요."

찍먹의 입장
"바삭한 고기튀김에 소스를 살짝 찍어 먹는 것을 좋아하는데, 가장 큰 이유는 바삭한 식감을 계속 유지하며 먹고 싶기 때문이에요."

한편, 탕수육의 부먹과 찍먹 논쟁의 원인을 음식의 배달 문화에서 시작된 것이라고 전문가들은 조심스럽게 예측하고 있다. 또한 이 논쟁은 종결될 수 없다는 판단 끝에 끊임없는 연구가 필요한 부분임을 강조하고 있다.

홍길동 기자

» 음식 이야기

음식 이야기를 세 컷 만화로
재미있게 풀어냈어요.

음식 이야기

8

» 창의 놀이터

창의 놀이터 : 아래 그림은 일정한 규칙대로 나열되어 있어요. 비어있는 칸에는 어떤 그림이 들어가야 할지 규칙을 찾아서 적어보세요.

아보카도

음식과 관련된 여러 가지 활동을 통해
문제 해결 능력을 높일 수 있어요.

2 Enter 와 Space Bar 를 이용하여 문서를 편집해요!

① 아래 그림과 같은 위치를 클릭하여 커서를 표시하고 Enter 를 눌러 줄 사이의 간격을 띄어보세요.

② 동일한 방법으로 아래 그림과 같이 줄 사이의 간격을 띄어보세요.

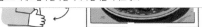

맛있는 탕수육을 즐기기 위한 방법에 대해 한국인들은 오랫동안 반대되는 두 가지 취향을 고집하고 있다. 탕수육과 곁들이는 새콤달콤한 소스를 부어 먹을 것(부먹) 인지, 찍어 먹을 것(찍먹)인지에 대한 의견 차이인데, 대립하는 의견이 좁혀럼 좁혀지지 않고 있는 것으로 보인다.

○○의 입장
"소스가 고기튀김에 스며들어 함께 어우러지는 맛과 식감을 좋아하며 그것이 탕수육의 원래 모습이에요."

□□의 입장
"바삭한 고기튀김에 소스를 살짝 찍어 먹는 것을 좋아하는데, 가장 큰 이유는 바삭한 식감을 계속 유지하며 먹고 싶기 때문이에요."

한편, 탕수육의 부먹과 찍먹 논쟁의 원인을 음식의 △△ 문화에서 시작된 것이라고 전문가들은 조심스럽게 예측하고 있다. 또한 이 논쟁은 종결될 수 없다는 판단 끝에 끊임없는 연구가필요한부분임을강조하고 있다.

☆☆☆ 기자

01 중국

작품을 완성해요 》》》

부먹의 입장
"소스가 고기튀김에 스며들어 함께 어우러지는 맛과 식감을 좋아하며 그것이 탕수육의 원래 모습이에요."

찍먹의 입장
"바삭한 고기튀김에 소스를 살짝 찍어 먹는 것을 좋아하는데, 가장 큰 이유는 바삭한 식감을 계속 유지하며 먹고 싶기 때문이에요."

한편, 탕수육의 부먹과 찍먹 논쟁의 원인을 음식의 배달 문화에서 시작된 것이라고 전문가들은 조심스럽게 예측하고 있다. 또한 이 논쟁은 종결될 수 없다는 판단 끝에 끊임없는 연구가 필요한 부분임을 강조하고 있다.

홍길동 기자

① ○○, □□, △△ 문자를 삭제한 후 알맞은 내용을 입력하여 문서를 완성해 보세요.
② ☆☆☆에는 내 이름을 입력해 보세요.

더 멋지게 실력뿜뿜

실습파일 : 탕수육_연습문제.hwp   완성파일 : 탕수육_연습문제(완성).hwp

상호명 : 마린반점	
계 산 서 : 홍길동	
짜장면	6,000
간짜장	8,000
굴짬뽕	9,000
볶음밥	7,000
잡채밥	8,000
탕수육	9,000
군만두	3,500
합 계	50,500원

123456789012
RECEIPT #12345
마린반점에 또 방문해 주세요.

① 각각의 키가 하는 역할을 읽어보고 문서를 편집해 보세요.
  • Enter : 줄과 줄 사이를 띄어요.
  • Space Bar : 글자 사이를 띄어요.
  • Tab : 글자 사이를 8칸 띄어요.
② ○○○가 입력된 부분에 이름을 적어보세요.

이책의 목차

재미있는 음식 이야기와 함께
한글 2022 프로그램을 학습해요!

한글 주요 기능 미리 살펴보기!

한글 프로그램을 실행하여 파일을 불러와요!

❶ [시작(▦)]을 클릭하고 [🔲 한글 2022]을 찾아 선택하면 **한글 2022** 프로그램이 실행돼요.

❷ 예제 파일을 불러오기 위해 [내 컴퓨터에서 불러오기]를 클릭해요.

❸ [불러오기] 대화상자가 나오면 [불러올 파일]-[Chapter 00]-**음식이야기.hwp**를 선택한 다음 <열기>를 클릭해요.

 팁 <u>대화상자가 뭐예요?</u>

컴퓨터와 사람이 서로 대화를 할 수 있도록 제공되는 특별한 창을 대화상자라고 불러요. 컴퓨터가 사람에게 무언가를 알려주거나, 입력(선택)을 요청하지요.

④ 불러온 파일을 확인한 다음 문서를 작업할 수 있어요.

팁 한글은 이런 프로그램이에요!

한글 프로그램은 문서 작성을 위해 최적화된 프로그램이에요. 많은 양의 글자 또는 그림을 보기 좋게 나열하고, 효율적으로 배치하여 깔끔한 문서를 작성할 수 있지요.

파일을 저장해요!

① [파일]-[저장하기]를 누르거나 서식 도구 상자에서 🖫(저장하기)를 눌러요.

팁 다른 이름으로 저장하기

[저장하기] 아래쪽에는 [다른 이름으로 저장하기] 메뉴가 있어요. 이 기능을 이용하면 새로운 이름으로 원하는 경로에 작업 중인 문서를 저장할 수 있답니다.

CHAPTER 01

중국의 굴욕적인 역사
탕수육

학습목표

★ 한글 프로그램에 대해 알아보아요.
★ 입력된 내용의 간격을 조절하고 텍스트를 수정해요.

실습파일 탕수육.hwp   완성파일 탕수육(완성).hwp

완성 작품 미리보기

맛있는 탕수육을 즐기기 위한 방법에 대해 한국인들은 오랫동안 반대되는 두 가지 취향을 고집하고 있다. 탕수육과 곁들이는 새콤달콤한 소스를 부어 먹을 것(부먹)인지, 찍어 먹을 것(찍먹)인지에 대한 의견 차이인데, 대립하는 의견이 좀처럼 좁혀지지 않고 있는 것으로 보인다.

부먹의 입장
"소스가 고기튀김에 스며들어 함께 어우러지는 맛과 식감을 좋아하며 그것이 탕수육의 원래 모습이에요."

찍먹의 입장
"바삭한 고기튀김에 소스를 살짝 찍어 먹는 것을 좋아하는데, 가장 큰 이유는 바삭한 식감을 계속 유지하며 먹고 싶기 때문이에요."

한편, 탕수육의 부먹과 찍먹 논쟁의 원인을 음식의 배달 문화에서 시작된 것이라고 전문가들은 조심스럽게 예측하고 있다. 또한 이 논쟁은 종결될 수 없다는 판단 끝에 끊임없는 연구가 필요한 부분임을 강조하고 있다.

홍길동 기자

음식 이야기

창의 놀이터 : 아래 그림은 일정한 규칙대로 나열되어 있어요. 비어있는 칸에는 어떤 그림이 들어가야 할지 규칙을 찾아서 적어보세요.

① 한글을 실행한 후 실습 파일을 불러와요!

① 한글 2022 프로그램을 실행해요.

② [내 컴퓨터에서 불러오기]를 클릭해요. [불러올 파일]-[Chapter 01_탕수육]-**탕수육.hwp** 파일을
선택하고 <열기>를 클릭해요.

③ 불러온 파일을 이용하여 한글의 화면 구성을 살펴볼까요? 꼭꼭 필요한 내용으로만 구성했답니다.

❶ **메뉴** : 한글 프로그램 작업에 필요한 모든 도구들이 들어있어요. 선택된 메뉴에 따라 보이는
도구들이 달라질 거예요.

❷ **서식 도구 상자** : 한글 문서의 가장 기본적인 작업을 빠르게 도와주는 아이콘들이 모여있어요.

❸ **편집창** : 글자나 그림을 넣어 문서를 작업할 수 있는 공간이에요.

❹ **확대/축소** : 작업 중인 문서 화면을 크게 또는 작게 볼 수 있어요.

② Enter 와 Space Bar 를 이용하여 문서를 편집해요!

① 아래 그림과 같은 위치를 클릭하여 커서를 표시하고 Enter 를 눌러 줄 사이의 간격을 띄어보세요.

② 동일한 방법으로 아래 그림과 같이 줄 사이의 간격을 띄어보세요.

맛있는 탕수육을 즐기기 위한 방법에 대해 한국인들은 오랫동안 반대되는 두 가지 취향을 고집하고 있다. 탕수육과 곁들이는 새콤달콤한 소스를 부어 먹을 것(부먹)인지, 찍어 먹을 것(찍먹)인지에 대한 의견 차이인데, 대립하는 의견이 좀처럼 좁혀지지 않고 있는 것으로 보인다.

○○의 입장
"소스가 고기튀김에 스며들어 함께 어우러지는 맛과 식감을 좋아하며 그것이 탕수육의 원래 모습이에요."

□□의 입장
"바삭한 고기튀김에 소스를 살짝 찍어 먹는 것을 좋아하는데, 가장 큰 이유는 바삭한 식감을 계속 유지하며 먹고 싶기 때문이에요."

한편, 탕수육의 부먹과 찍먹 논쟁의 원인을 음식의 △△ 문화에서 시작된 것이라고 전문가들은 조심스럽게 예측하고 있다. 또한 이 논쟁은 종결될 수 없다는 판단 끝에 끊임없는 연구가필요한부분임을강조하고 있다.

☆☆☆ 기자

❸ 이번에는 단어 사이를 띄어보도록 할게요. 아래 그림과 같은 위치에 커서를 표시하고 [Space Bar]를 눌러 간격을 띄어보세요.

팁 [Space Bar]를 눌렀을 때 글자가 지워지나요?

한글 프로그램을 이용하여 문서를 작성할 때 새로운 내용을 입력하려면 '삽입' 상태에서 작업해야 해요. 만약 '수정' 상태일 경우에는 [Space Bar]를 누르거나 글자를 입력했을 때 뒤쪽 내용이 삭제되기 때문에 편집 상태를 잘 확인하며 작업해요. '삽입'과 '수정' 상태는 [Insert]로 번갈아가며 선택할 수 있어요.

❹ 동일한 방법으로 아래 그림처럼 단어 사이를 띄어봅니다.

부먹 의 입장
"소스가 고기튀김에 스며들어 함께 어우러지는 맛과 식감을 좋아하며 그것이 탕수육의 원래 모습이에요."

찍먹 의 입장
"바삭한 고기튀김에 소스를 살짝 찍어 먹는 것을 좋아하는데, 가장 큰 이유는 바삭한 식감을 계속 유지하며 먹고 싶기 때문이에요."

한편, 탕수육의 부먹과 찍먹 논쟁의 원인을 음식의 배달 문화에서 시작된 것이라고 전문가들은 조심스럽게 예측하고 있다. 또한 이 논쟁은 종결될 수 없다는 판단 끝에 끊임없는 연구가 필요한 부분임을 강조하고 있다.

홍길동 기자

❶ ○○, □□, △△ 문자를 삭제한 후 알맞은 내용을 입력하여 문서를 완성해 보세요.
❷ ☆☆☆에는 내 이름을 입력해 보세요.

실습파일 : 탕수육_연습문제.hwp   완성파일 : 탕수육_연습문제(완성).hwp

상호명 : 마린반점

계　산 : 홍길동

- - - - - - - - - - - - - - -

짜장면　　　　　　　6,000
간짜장　　　　　　　8,000
굴짬뽕　　　　　　　9,000
볶음밥　　　　　　　7,000
잡채밥　　　　　　　8.000
탕수육　　　　　　　9,000
군만두　　　　　　　3,500

- - - - - - - - - - - - - - -

합　계 :　　　　　50,500원

- - - - - - - - - - - - - - -

123456789012
RECEIPT #12345
마린반점에 또 방문해 주세요

❶ 각각의 키가 하는 역할을 읽어보고 문서를 편집해 보세요.
- Enter : 줄과 줄 사이를 띄어요.
- Space Bar : 글자 사이를 띄어요.
- Tab : 글자 사이를 8칸 띄어요.

❷ ○○○가 입력된 부분에 이름을 적어보세요.

신이 내린 열매 커피

학습목표

★ 입력된 텍스트를 정렬하고 글자 서식을 변경해요.
★ 형광펜 기능을 활용하여 중요한 내용을 강조해요.

실습파일 커피.hwp   완성파일 커피(완성).hwp

완성 작품 미리보기

음식 이야기

옛날 **에티오피아**의 어느 날, 목동이 발견한 붉은 열매!

이름 : 칼디

오! 원진 모르겠지만 먹으니까 머리가 맑아지는데?

움냠냠

칼디는 다른 사람들에게도 기분이 좋아지는 **열매**를 권해 봤지만...

이 열매 좀 드셔보세요!

기분이 좋아져용!

그건 악마의 열매야!!

에잇!

화로록

큉카 큉카

어라...? 냄새가 너무 좋은데

물에 타서 좀 먹어볼까....?

이것이 **커피**의 시작!

14

1 문서 안에 입력된 글꼴 서식을 변경해요!

1 한글 2022 프로그램을 실행하여 [Chapter 02_커피]-**커피.hwp** 파일을 불러와요.

② Ctrl + A 를 눌러 문서의 모든 텍스트를 블록으로 지정해요.

③ 서식 도구 상자에서 원하는 글꼴을 선택한 다음 글자 크기를 **14pt**로 지정해요.

④ 모든 텍스트를 문서의 중앙에 배치하기 위해 서식 도구 상자에서 **가운데 정렬(≡)**을 클릭해요.

 팁 **한글 문서 편집 시 주의하세요!**

블록으로 지정된 텍스트는 Esc 를 눌러 블록을 해제한 후 다음 작업을 진행하는 것이 좋아요.

② 메뉴 타이틀의 글꼴 서식을 변경해요!

① 메뉴 타이틀의 글꼴 서식을 변경하기 전에 Enter를 이용하여 아래 그림과 같이 줄을 띄어주세요.

② COFFEE 텍스트를 드래그하여 블록으로 지정한 다음 글꼴 서식을 변경해요.

 🔖 **글꼴 서식을 변경할 때 참고하세요!**

책을 참고하여 글꼴, 글자 크기, 글자 색 등은 친구들이 원하는 서식으로 예쁘게 지정해 보세요. 글꼴 변경 시 [모든 글꼴] 그룹에서 찾으면 전체 글꼴 모양을 선택할 수 있어요. 또한 글자 색(가▾)을 변경할 경우 테마 색상표(▷)를 이용하면 더 많은 색상을 지정할 수 있답니다.

모든 글꼴	**헤드라인**
현재 글꼴	함초롬돋움
제목 글꼴	돋움
본문 글꼴	**궁서**
꾸미기 글꼴	굴림
한컴 글꼴	가는안상수체
시스템 글꼴	굴림
	그리체

③ 동일한 방법으로 LATE, ADE 텍스트를 예쁘게 꾸며보세요.

③ 중요한 텍스트는 형광펜으로 표시해요!

① 매장의 인기 메뉴를 형광펜으로 강조하기 위해 [서식]-[형광펜(✐)]을 클릭해요.

② 마우스 포인터가 ✐ 모양으로 변경되면 강조할 텍스트를 드래그하여 색을 입혀요.

③ 원하는 메뉴에 색상을 모두 적용했다면 Esc 를 눌러 형광펜 기능을 끝낼 수 있어요.

❶ 문서 안의 그림들을 활용하여 예쁜 메뉴판을 완성해 보세요. 불필요한 그림은 Delete 를 눌러 지울 수 있답니다.

더 멋지게 실력 뿜뿜

실습파일 : 커피_연습문제.hwp   완성파일 : 커피_연습문제(완성).hwp

❶ 그림에 입력된 문구의 텍스트 서식과 정렬을 변경해 보세요.
❷ 메뉴판 안에 입력된 문구의 텍스트 서식과 정렬을 변경해 보세요.

약으로 이용되던 탕후루

학습목표

★ 문서에 입력된 그림을 복사한 다음 회전해요.
★ 그림에 여러 가지 효과를 적용해요.

실습파일 탕후루.hwp   완성파일 탕후루(완성).hwp

완성 작품 미리보기

음식 이야기

막대에 **과일**을 끼우고 **시럽**을 발라 굳히는 중국의 **대표 간식**, 어떻게 만들어졌을까?

알 수 없는 병에 걸린 황귀비

마마, 설탕에 절인 산사열매이옵니다.

시름 시름

난 곧 죽겠구나

헐레벌떡

황귀비가 설탕 산사열매를 먹고 감쪽같이 나았대!!

산사꼬치 사세요!!!!

1 빨간색 과일이 있어요.   2 다섯 개의 과일이 꽂혀있어요.

3 여러 과일이 혼합되어 있어요.   4 귤은 포함되어 있지 않아요.

1 문서 안에 입력된 그림을 자유롭게 복사해요!

1 한글 2022 프로그램을 실행하여 [Chapter 03_탕후루]–**탕후루.hwp** 파일을 불러와요.

❷ 비어있는 나무 막대에 과일들을 꽂아 탕후루를 만들어 볼 거예요. Ctrl을 누른 채 딸기를 드래그하여 다음과 같이 **복사**해요.

▲ Ctrl 누르기 　　　　　　▲ Ctrl를 누른 채 드래그 　　　　　▲ 복사 완료

❸ **조절점**(•)을 드래그하여 복사된 키위의 크기를 조절한 다음 **첫 번째 나무 막대**로 위치를 이동시켜요. 똑같은 방법으로 첫 번째 나무 막대에 맛있는 과일들을 배치해 보세요.

팁 **그림이나 도형 등의 개체를 복사해요!**

　• Ctrl 을 누른 채 개체를 드래그하면 원하는 위치에 복사할 수 있어요.

　• Ctrl + Shift 를 누른 채 개체를 드래그하면 수직/수평으로 반듯하게 복사할 수 있어요.

2 그림을 회전해요!

① 딸기를 선택한 다음 [그림(🌷)]–[회전] → **[개체 회전(◉)]**을 클릭해요.

② 조절점이 ● 모양으로 변경되면 원하는 방향으로 드래그하여 그림을 **회전**할 수 있어요.

③ 똑같은 방법으로 나머지 과일도 회전한 다음 크기와 위치도 함께 조절해 주세요.

그림에 효과를 적용해요!

① 딸기를 더블 클릭한 다음 **[네온]**에서 원하는 색상의 효과를 선택해요. 원하는 네온 색이 없을 경우 '색'을 클릭하여 직접 지정해요.

② 아래쪽 과일을 더블 클릭한 다음 **[그림자]**에서 원하는 효과를 선택해요.

 팁 참고해 주세요!

그림에 효과가 적용되면 그림의 위치가 조금씩 이동될 수 있으니 방향키로 맞춰주세요.

1 배운 기능을 활용하여 탕후루를 완성해 보세요.

더 멋지게 실력 뿜뿜

실습파일 : 탕후루_연습문제.hwp   완성파일 : 탕후루_연습문제(완성).hwp

1 접시 위의 탕후루 그림에 그림자 효과를 적용해 보세요.

2 탕후루를 복사한 다음 회전 기능을 이용하여 접시 위에 예쁘게 배치해 보세요.

떡을 깨물어 왕을 뽑는다?

학습목표

★ 표의 서식을 변경해요.
★ 표 안에 입력된 텍스트의 서식을 변경해요.

실습파일 떡.hwp 완성파일 떡(완성).hwp

완성 작품 미리보기

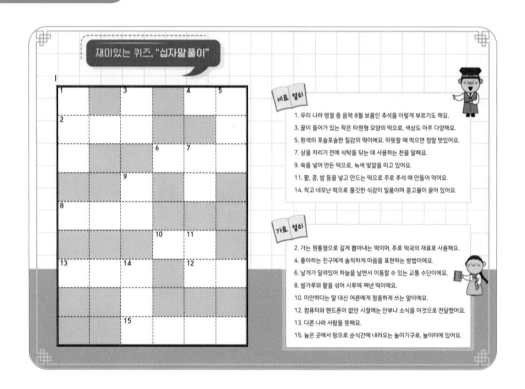

재미있는 퀴즈, "십자말풀이"

세로 열쇠

1. 우리 나라 명절 중 음력 8월 보름인 추석을 이렇게 부르기도 해요.
3. 꿀이 들어가 있는 작은 타원형 모양의 떡으로, 색상도 아주 다양해요.
5. 흰색의 포슬포슬한 질감의 떡이에요. 따뜻할 때 먹으면 정말 맛있어요.
7. 상을 차리기 전에 식탁을 닦는 데 사용하는 천을 말해요.
9. 쑥을 넣어 만든 떡으로, 녹색 빛깔을 띠고 있어요.
11. 팥, 콩, 밤 등을 넣고 만드는 떡으로 주로 추석 때 만들어 먹어요.
14. 작고 네모난 떡으로 쫄깃한 식감이 일품이며 콩고물이 묻어 있어요.

가로 열쇠

2. 가는 원통형으로 길게 뽑아내는 떡이며, 주로 떡국의 재료로 사용해요.
4. 좋아하는 친구에게 솔직하게 마음을 표현하는 방법이에요.
6. 날개가 달려있어 하늘을 날면서 이동할 수 있는 교통 수단이에요.
8. 쌀가루와 팥을 섞어 시루에 쪄낸 떡이에요.
10. 미안하다는 말 대신 어른에게 정중하게 쓰는 말이에요.
12. 컴퓨터와 핸드폰이 없던 시절에는 안부나 소식을 이것으로 전달했어요.
13. 다른 나라 사람을 뜻해요.
15. 높은 곳에서 땅으로 순식간에 내려오는 놀이기구로, 놀이터에 있어요.

음식 이야기

신라 시대에는 떡에 **잇자국이** 많은 사람이 왕이라고?!

엥? 내가 왕~?

옛날에는 먹거리가 **거칠고** **비위생적**이라 이가 닳고 잘 **빠졌어요.**

아~나 이 또 빠졌네

툭

이가 **많으면** 부드러운 음식을 먹는 양반집, **귀한 사람**이라고 생각했죠!

흠~ 치아 갯수를 보아하니... 바보로구만.

뭐요?

ㅅㅍ

ㅊㄱ

ㅁㅇ

예시

송 편

① 표의 채우기 서식을 변경해요!

① 한글 2022 프로그램을 실행하여 [Chapter 04_떡]-떡.hwp 파일을 불러와요.

재미있는 퀴즈, "십자말풀이"

세로 열쇠

1. 우리 나라 명절 중 음력 8월 보름인 추석을 이렇게 부르기도 해요.
3. 꿀이 들어가 있는 작은 타원형 모양의 떡으로, 색상도 아주 다양해요.
5. 흰색의 포슬포슬한 질감의 떡이에요. 따뜻할 때 먹으면 정말 맛있어요.
7. 상을 차리기 전에 식탁을 닦는 데 사용하는 천을 말해요.
9. 쑥을 넣어 만든 떡으로, 녹색 빛깔을 띠고 있어요.
11. 팥, 콩, 밤 등을 넣고 만드는 떡으로 주로 추석 때 만들어 먹어요.
14. 작고 네모난 떡으로 쫄깃한 식감이 일품이며 콩고물이 묻어 있어요.

가로 열쇠

2. 가는 원통형으로 길게 뽑아내는 떡이며, 주로 떡국의 재료로 사용해요.
4. 좋아하는 친구에게 솔직하게 마음을 표현하는 방법이에요.

② 임의의 셀을 클릭한 다음 F5를 **세 번** 눌러 모든 셀을 선택해요. 이어서, C를 누릅니다.

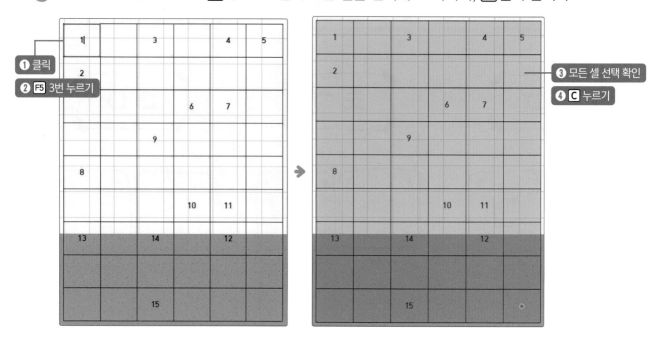

③ [배경] 탭에서 색을 **흰색 계열**로 선택해요.

팁 **표에 지정한 색상을 확인해 볼까요?**

Esc를 눌러 표 안쪽의 모든 셀 선택을 해제한 후 표에 적용된 서식(면 색, 테두리, 무늬 등)을 확인할 수 있어요.

② 표의 테두리 서식을 변경해요!

① 표 안쪽 셀을 클릭한 다음 F5 를 **세 번** 눌러 모든 셀을 선택해요.

② L 을 눌러 **파선**(– – – –), **안쪽**(⊞)을 지정해요.

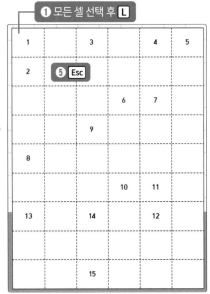

③ 표 안쪽에서 F5 를 **세 번** 눌러 모든 셀을 선택한 다음 L 을 눌러 **얇고 굵은 이중선**(━━━), **바깥쪽** (▢)을 지정해요.

팁 표 안쪽 셀은 이렇게 선택해요!

• 마우스로 표 안쪽 셀을 원하는만큼 드래그하여 선택할 수 있어요.

• 특정 셀이 선택된 상태에서 F5 를 두 번 누른 다음 방향키를 이용하여 원하는 셀들을 선택할 수 있어요.

• 특정 셀이 선택된 상태에서 F5 를 세 번 눌러 전체 셀을 선택할 수 있어요.

③ 표에 입력된 텍스트를 정렬해요!

① 표의 테두리를 선택한 다음 [표 레이아웃(▦)]-[내용 정렬(🗐)] → **[셀 정렬]-[왼쪽 위(🗐)]**를 클릭해요.

② 실습파일(떡.hwp)의 세로 열쇠와 가로 열쇠를 참고하여 십자말 풀이의 정답을 연필로 적어보세요.

1 한		3		4	5
2 가					
위		6	7		
		9			
8					
		10	11		
13	14		12		
	15				

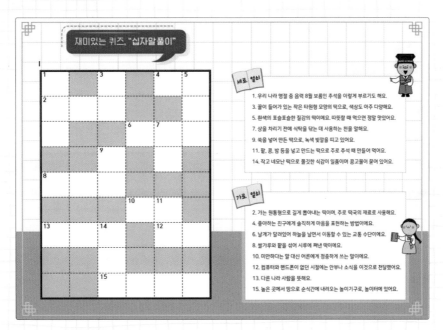

❶ 색 채우기가 필요한 셀을 선택한 다음 [표 디자인(📝)]-(🎨 표 채우기 ∨)를 이용하여 원하는 색으로 채워보세요. 단, 정답을 적어야 하는 곳은 흰색 칸으로 유지합니다.

실습파일 : 떡_연습문제.hwp   완성파일 : 떡_연습문제(완성).hwp

월요일	화요일	수요일	목요일	금요일
현미밥 닭고기 카레 방울토마토 김치 바나나	보리잡곡밥 열무국수 오이초절임 김치 삶은계란	김치볶음밥 계란찜 취나물무침 김치 떡	버섯영양밥 간장비빔장 콩나물국 김치 감	멸치국수 현미밥 김치 미숫가루
월요일	화요일	수요일	목요일	금요일
보리비빔밥 된장국 콩나물무침 김치 고구마튀김	누룽지삼계탕 양배추피클 김치 수박	흑미밥 뼈다귀감자탕 숙주나물 김치 참외	잡곡밥 어묵국 닭갈비 김치 천도복숭아	짜장밥 계란국 새우튀김 단무지 수박

❶ 표 안에 입력된 내용의 글꼴 서식을 자유롭게 변경해 보세요.
❷ 표의 테두리와 채우기 서식을 자유롭게 변경해 보세요.

월급 대신 소금

학습목표

★ 글맵시를 삽입해요.
★ 다양한 글머리표를 표시해요.

실습파일 소금.hwp   완성파일 소금(완성).hwp

완성 작품 미리보기

소금의 기능

☑ 음식을 오래 보존할 수 있도록 방부제 역할을 해요.

☑ 싱거운 음식에 간을 맞추기 위해 사용해요.

☑ 음식의 색상을 돋보이게 만들 수 있어요.

☑ 빵 반죽에 넣으면 좋은 식감을 얻을 수 있어요.

☑ 고기를 구울 때 뿌리면 육즙이 풍부해져요

소금의 종류

◎ 해염 : 바닷물을 증발시켜 만드는 소금으로 미네랄이 풍부
해요.

◎ 암염 : 바다였던 곳이 땅이 된 광산에서 캐내는 소금으로,
오염되지 않은 깨끗한 맛이에요.

◎ 호수염 : 바다였던 곳이 호수로 변해 그 안에 갇힌 바닷물
이 증발하면서 나오는 소금이에요. 따로 가공하지 않고 깨
끗한 자연 환경에서 만들어지는 것이 특징이에요.

음식 이야기

오랜 옛날 **로마의 병사**들은
일한 대가로 **소금**을 받았대요.

어때
내 월급!

(뿌듯)

오늘날에는 소금이 그저 **조미료**이지만,
그당시에는 **돈**으로 취급했어요!

음식이 상하지
않게 도와주는
소금~♥

소중

전쟁터에선
필수템이라구

소중

하지만 채취도 어렵고
운반도 너무 힘들어
ㅠㅠ

그러니 내가
비싼 몸이지 ㅋ

헉헉

호달달달

1 글맵시를 삽입해요!

❶ 한글 2022 프로그램을 실행하여 [Chapter 05_소금]-**소금.hwp** 파일을 불러와요.

② **소금의 기능**을 블록으로 지정한 다음 [입력]-[글맵시(글맵시)]에서 원하는 모양을 선택해요.

③ 아래와 같은 대화상자가 나오면 <설정>을 클릭해요.

④ 입력된 글맵시를 더블 클릭한 다음 **글자처럼 취급**을 지정해요.

⑤ '글자처럼 취급'을 지정했더니 문서의 내용이 아래쪽으로 밀린 것을 확인할 수 있어요.

⑥ 다음은 글맵시 뒤쪽의 **소금의 기능**을 **삭제**해 보세요.

팁 **'글자처럼 취급'을 왜 사용하나요?**

한글에서 문서를 작성할 때 글맵시, 도형, 그림 등의 개체를 어떤 방식으로 문서에 적용할 것인가를 선택하기 위한 기능이에요. '글자처럼 취급'을 선택하면 개체가 단순한 글자로 인식이 되어 Enter , Space Bar 등으로 제어가 가능하기 때문에 편리하답니다.

---

② **글머리표를 표시해요!**

① 소금의 기능 아래쪽 내용을 드래그하여 블록으로 지정해요.

❷ [서식]-[글머리표(☰∨)]를 클릭한 다음 원하는 모양을 선택해요.

❸ 보기 좋은 문서를 만들기 위해 문단 사이의 비어있는 줄을 클릭한 다음 Enter를 **세 번** 눌러 줄 사이 간격을 띄어주세요.

소금의 종류

◎ 해염 : 바닷물을 증발시켜 만드는 소금으로 미네랄이 풍부
해요.

◎ 암염 : 바다였던 곳이 땅이 된 광산에서 캐내는 소금으로,
오염되지 않은 깨끗한 맛이에요.

◎ 호수염 : 바다였던 곳이 호수로 변해 그 안에 갇힌 바닷물
이 증발하면서 나오는 소금이에요. 따로 가공하지 않고 깨
끗한 자연 환경에서 만들어지는 것이 특징이에요.

❶ 두 번째 문단의 제목(소금의 종류)을 글맵시로 입력한 다음 '글자처럼 취급'을 지정해요. 불필요한
글맵시 뒤쪽 '소금의 종류' 텍스트는 삭제해요.

❷ 두 번째 문단의 내용을 블록으로 지정하고 [서식]-[그림 글머리표(☰⌄)]를 표시해 보세요.

❸ 완성된 문서의 내용이 많아 다음 페이지로 넘어가면 '소금의 종류' 글맵시의 조절점을 이용하여 크
기를 줄여주세요.

더 멋지게 실력 뿜뿜

실습파일 : 소금_연습문제.hwp   완성파일 : 소금_연습문제(완성).hwp

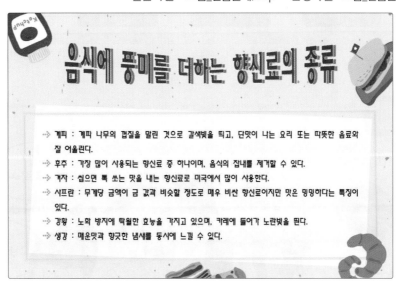

❶ 제목 텍스트를 원하는 글맵시로 변환한 다음 글자처럼 취급으로 지정해요.

❷ 기존에 입력된 텍스트를 삭제한 다음 글맵시를 가운데로 정렬해 보세요.

❸ 입력된 내용에 원하는 글머리표를 지정해 보세요.

CHAPTER 06

김씨가 만들어 탄생한 김

학습목표

★ 여러 개의 개체를 드래그하여 한 번에 선택해 보아요.
★ 오려 두기 기능을 활용하여 텍스트를 원하는 곳에 붙여넣어요.

실습파일 김.hwp   완성파일 김(완성).hwp

완성 작품 미리보기

맛있는 김밥 만들기

❶ 갓 지은 밥에 소금과 참기름으로 양념하기
❷ 햄, 오이, 당근, 단무지 등의 재료를 준비하기
❸ 김 위에 적당한 양의 밥을 올리기
❹ 김 위에 올린 밥을 고르게 펴기
❺ 원하는 재료를 넣기
❻ 동그랗게 말기
❼ 예쁘게 말린 김밥을 먹기 좋은 크기로 썰기
❽ 접시에 담아 완성하기

음식 이야기

맛있고 편리한 반찬, 김!

김밥 / 김말이 / 소금김 / 김부각 / 구운김

1640년, 전라남도 광양

드디어 김 양식에 성공했다!

오~

이름 : 김여익

이건 뭐라고 부르느냐?

맛나구먼

이름은 없고 광양 사는 김씨가 만들었답니다.

그럼 그냥 김이라고 하자

예 조언하~

창의 놀이터 : 가로힌트와 세로힌트를 참고하여 재미있는 십자말풀이를 완성해 보세요!

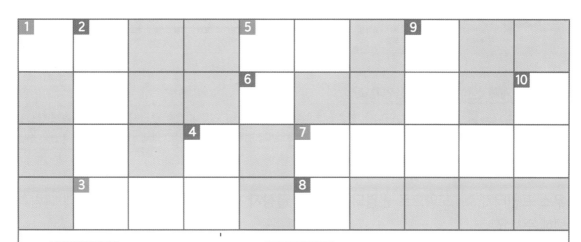

가로힌트

1. 뼈에 붙어있는 고기로 다양한 요리에 쓰임(OO찜, OO탕, 양념OO)
3. 생강과 계피가 들어간 전통 음료
5. 소금에 절인 무, 배추를 양념해 발효시키는 한국 대표 음식
7. 차갑지만 겨울에도 맛있는 디저트

세로힌트

2. 국물 없이 야채와 양념을 넣어 비벼먹는 국수
4. 치아가 아프거나 흔들릴 때 찾는 병원
6. 김 위에 밥을 펴놓고 반찬을 넣어 돌돌 말아 먹는 음식
8. 아침 겸 점심을 이르는 말
9. 고기에 빵가루를 묻혀서 튀기는 바삭한 요리
10. 먹은 음식이 잘 소화되지 않아 입으로 나오는 가스

1 입력된 글상자 박스를 보기 좋게 정렬해요!

1 한글 2022 프로그램을 실행하여 [Chapter 06_김]-**김.hwp** 파일을 불러와요.

② 삐뚤빼뚤 배치된 흰색 글상자 박스를 예쁘게 정렬하기 위해 **[편집]-[개체 선택(⬚)]**을 클릭해요.

팁 **개체 선택은 무슨 기능인가요?**

한글은 글자를 입력하고 편집하기에 알맞은 프로그램이에요. 그렇기 때문에 많은 양의 글자를 선택하여 작업하기에는
편리하지만, '도형'이나 '그림' 등의 여러 가지 개체를 한 번에 선택하기 위해서는 '개체 선택' 기능을 사용해야 해요.

③ 마우스 포인터가 ⬚ 모양으로 변경되면 **4개의 글상자** 박스 주변을 드래그하여 아래 그림과 같이
선택해 주세요.

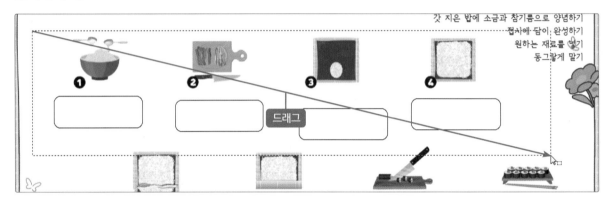

④ **[도형(⬚)]-[맞춤(⬚)]** → **[중간 맞춤(⬚)]**을 클릭해요.

⑤ 이번에는 가로 간격을 맞추기 위해 [맞춤(▥)] → [**가로 간격을 동일하게(▥)**]를 클릭해요.

⑥ 똑같은 방법으로 아래 **4개의 글상자** 박스를 **정렬**해 보세요.

---

2 **글상자 박스의 서식을 변경해요!**

① [편집]-[개체 선택(▨)] 기능을 이용하여 **8개의 글상자** 박스를 모두 선택한 다음 **첫 번째 박스**를 더블 클릭해요.

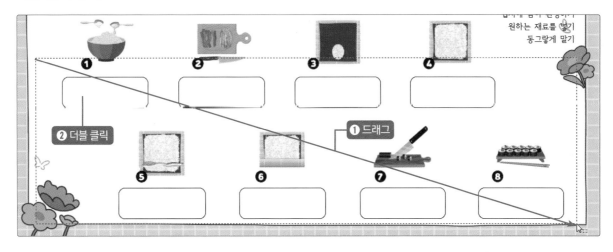

② 아래 그림을 참고하여 서식을 변경한 다음 <설정>을 클릭해요.

③ Esc 를 눌러 개체 선택 상태를 해제하세요.

2 텍스트를 오려 두기하여 원하는 곳에 붙여요!

① 문서 오른쪽 상단의 **첫 번째 줄** 내용을 블록으로 지정해요. 마우스 오른쪽 버튼을 눌러 **[오려 두기]**를 클릭해요.

② 내용과 알맞은 **7번 그림**의 글상자 박스 안에서 마우스 오른쪽 버튼을 눌러 **[붙이기]**를 선택해요.

① 텍스트를 오려 두기 한 다음 알맞은 그림 위치에 붙여넣어 보세요.

② 붙여넣은 텍스트를 가운데로 정렬한 다음 글꼴 서식을 자유롭게 변경해 보세요. '개체 선택'을 이용하면 여러 개의 글상자를 한 번에 선택하여 서식을 변경할 수 있어요!

더 멋지게 실력 뿜뿜

실습파일 : 김_연습문제.hwp   완성파일 : 김_연습문제(완성).hwp

① 개체 선택을 이용하여 글상자를 선택해 보세요.

② '중간 맞춤'과 '가로 간격 동일하게'를 지정하여 글상자를 보기 좋게 정렬해 보세요.

③ 글상자의 서식을 자유롭게 변경해 보세요.

홧김에 탄생한 감자칩

학습목표

★ 개체 풀기와 개체 묶기 기능을 활용해요.
★ 한컴 애셋의 한글 서식을 적용해 말풍선 이모티콘을 만들어요.

실습파일 감자칩.hwp   완성파일 감자칩(완성).hwp

완성 작품 미리보기

음식 이야기

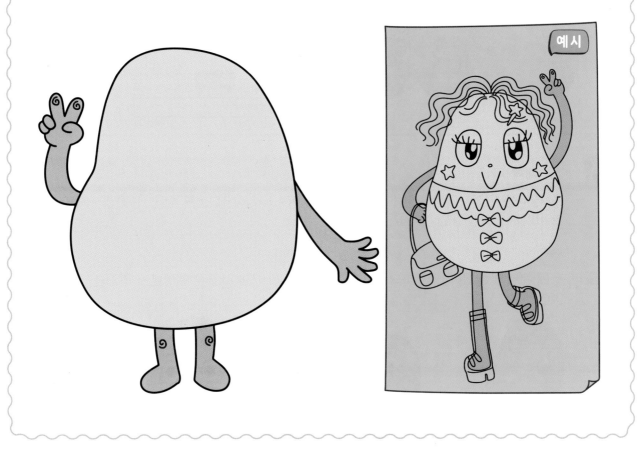

1 개체를 풀고 캐릭터를 꾸며요!

1 한글 2022 프로그램을 실행하여 [Chapter 07_감자칩]-**감자칩.hwp** 파일을 불러와요.

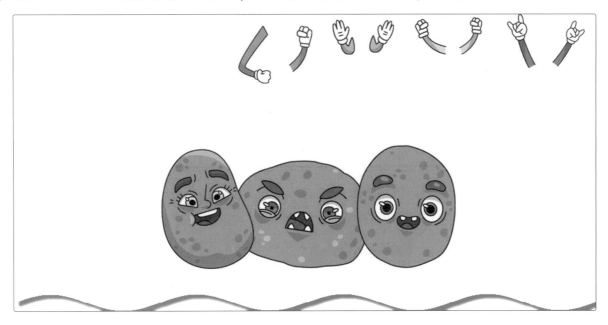

❷ 감자 캐릭터 위에서 마우스 오른쪽 버튼을 눌러 **[개체 풀기]**를 클릭해요.

팁 **개체 묶기**

불러올 파일에서 3개의 감자 캐릭터 이미지를 하나의 개체로 묶어놓았어요. 개체 묶기를 이용하면 여러 개의 그림의 크기와 위치를 조절하기 편리합니다.

❸ Esc를 눌러 선택을 해제한 다음 마우스로 드래그 하여 세 개의 감자를 떨어뜨려 주세요.

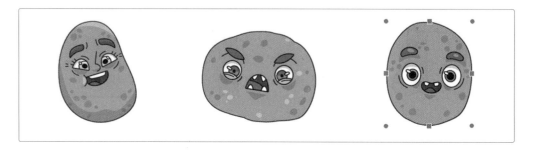

❹ 아래 작업 순서를 따라 첫 번째 감자 캐릭터의 왼쪽 팔을 만들어주세요.

❺ 똑같은 방법으로 3개의 감자 캐릭터를 자유롭게 꾸며보세요.

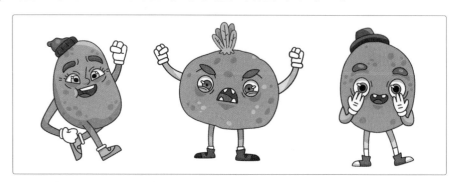

② 완성된 캐릭터의 개체를 묶어요!

❶ Shift를 누른 채 몸통, 손, 발, 머리 장식을 각각 선택한 다음 마우스 오른쪽 버튼을 눌러 [**개체 묶기**]를 클릭해요.

❷ 나머지 2개의 감자 캐릭터도 **개체 묶기**를 진행해 주세요.

한컴 애셋의 서식 파일로 작품을 만들어요!

❶ [도구]-[한컴 애셋()]에서 **'말풍선'** 한글 서식을 내려받기 해요.

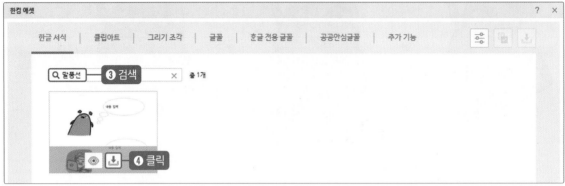

❷ 서식이 적용된 문서가 열리면 아래 방법을 참고해 감자 캐릭터를 불러옵니다.

▲ 첫 번째 캐릭터 삭제

▲ 감자 캐릭터 문서 활성화 후 [복사하기]

▲ 말풍선 서식 문서에 [붙이기]

▲ 크기 및 위치 조절

❶ 2개의 그림을 감자 캐릭터로 바꿔 보세요.

❷ 그림과 어울리는 대사를 자유롭게 입력하고 글자 서식을 바꿔 보세요.

더 멋지게 실력 뿜뿜

실습파일 : 없음   완성파일 : 감자칩_연습문제(완성).hwp

❶ 한글 프로그램을 실행해요.

❷ 한컴 애셋에서 '상'을 검색해 한글 서식 문서를 선택해요.

❸ 상을 주고 싶은 친구를 생각하며 내용을 수정하고 글자 서식을 변경해 보세요.

이만큼 배웠어요

 퀴즈를 풀어보면서 지금까지 배운 내용을 정리해요

1 한글 문서 작업을 빠르게 도와주기 위해 자주 사용되는 아이콘들을 모아 놓은 곳은 어디일까요?

① 서식 도구 상자　　　② 편집창　　　③ 표　　　④ 형광펜

2 그림이나 도형을 자유롭게 복사하기 위한 방법으로 알맞은 것은 무엇일까요?

① Ctrl + Shift + 클릭　　② Ctrl + 드래그　　③ Alt + 클릭　　④ Shift + 드래그

3 두 개 이상의 개체를 하나의 개체로 합쳐서 관리할 수 있는 기능은 무엇일까요?

 ➡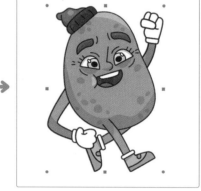

① 개체 선택　　　② 개체 풀기　　　③ 개체 묶기　　　④ 개체 속성

4 신라 시대에 이것을 물어 치아 자국이 많이 남는 사람을 왕으로 뽑았다고 하지요. 이것은 무엇일까요?

5 오래전 로마의 병사들은 열심히 일한 대가로 '이것'을 받았다고 해요. 요리에 감칠맛을 더해주는 '이것'은 무엇일까요?

아래 작업 순서를 참고하여 문서를 완성해요

실습파일 : 8_연습문제.hwp   완성파일 : 8_연습문제(완성).hwp

 팁 개체를 세밀하게 이동해요!

그림이나 도형 개체의 위치를 세밀하게 이동하고
자 할 때는 키보드의 방향키(←, →, ↑, ↓)를
이용하면 편리해요.

작업 순서

❶ '내용을 입력하세요'의 텍스트를 삭제한 다음 원하는 문구를 입력해요.

❷ 입력된 내용을 왼쪽으로 정렬한 다음 원하는 글머리표를 표시해요.

  • 왼쪽 정렬 : [서식 도구 상자]-≡(왼쪽 정렬)

  • 글머리표 : [서식]-[그림 글머리표(≣⌄)]

❸ 입력된 내용의 글자 서식을 자유롭게 변경해 보세요.

❹ 문서의 주변에 있는 그림을 잘 배치한 다음 불필요한 그림은 삭제해요. 음식 그림에는 옅은 테두
리 효과를 적용해 보세요.

  • 옅은 테두리 효과 : [그림(🌷)]-[그림 효과(▣)] → [옅은 테두리]

납작하고 둥근 빵 피자

학습목표

★ 그림을 삽입한 다음 원하는 모양으로 편집해요.
★ 그리기마당을 이용하여 클립아트를 삽입해요.

실습파일 **피자.hwp**   완성파일 **피자(완성).hwp**

완성 작품 미리보기

음식 이야기

이탈리아 **나폴리** 지역에서 시작된 피자

피자의 뜻은 **납작하고 둥근 빵**이에요!

한 **왕**이 피자를 즐겨 먹기 시작하면서 지금은 **인기 음식**이 되었지요!

1 피자 그림을 입력해요!

❶ 한글 2022 프로그램을 실행하여 [Chapter 09_피자]-**피자.hwp** 파일을 불러와요.

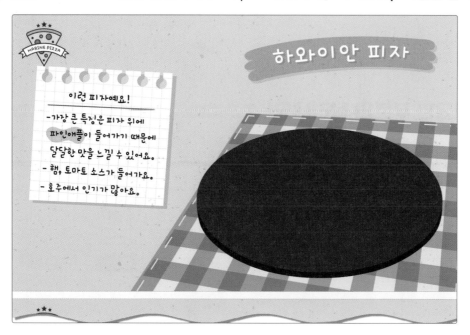

② 현재 파일은 모두 6쪽으로 구성되어 있어요. 오른쪽 스크롤 바를 맨 아래로 드래그하여 **6쪽으로 이동**한 다음 **빈 곳을 클릭**해요.

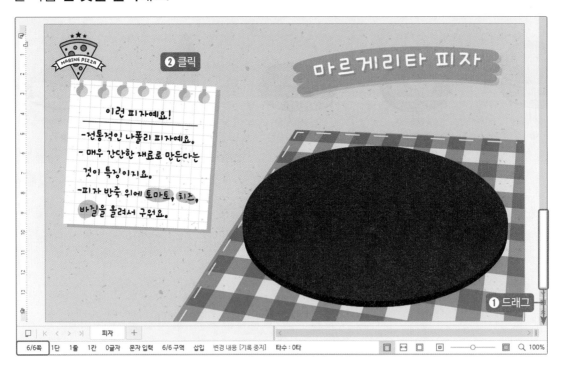

③ [입력]-[그림(🖼)]을 클릭 후 아래와 같이 그림을 추가해요.

2 그림에서 필요한 부분만 잘라내요!

① 삽입된 그림을 선택한 다음 [그림(🌷)]-[자르기(🖼)]를 클릭해요.

② 6페이지에 필요한 피자는 '마르게리타 피자'예요. 오른쪽 대각선 모서리의 **자르기 조절점(ㄱ)**을 드래그하여 **4번째 피자**만 표시되도록 한 다음 Esc 를 눌러요.

③ 마르게리타 피자를 선택한 다음 [그림( )]-[회전] → **[오른쪽으로 90도 회전( )]**을 클릭해요.

④ 마르게리타 피자의 위치를 변경한 다음 크기를 조절하여 6페이지 문서를 완성해 볼까요?

③ 그리기마당을 이용하여 클립아트를 넣어요!

❶ [입력]-[그림]-[그리기마당(M)]을 클릭해요.

❷ [그리기마당] 대화상자에서 <클립아트 다운로드>를 클릭한 다음 원하는 캐릭터를 선택해요.

❸ 클립아트가 추가되면 문서를 예쁘게 꾸며 보세요!

❶ 문서 왼쪽의 힌트(이런 피자예요!)를 활용하여 1~5 페이지에 알맞은 피자를 배치해 보세요.

❷ [입력]-[그림]-[그리기 마당]을 이용하여 원하는 클립아트를 다운로드 받은 후 문서에 추가해요.

더 멋지게 실력 뿜뿜

실습파일 : 피자_연습문제.hwp   완성파일 : 피자_연습문제(완성).hwp

❶ '피자재료' 그림을 삽입해요. 그림이 보이지 않을 경우에는 다음 페이지를 확인해 보세요.

❷ 원하는 재료를 잘라 배치하고 원하는 방향으로 회전시켜 보세요.
   재료를 선택한 후 [그림(🎤)]-[글 앞으로(▨)]를 지정하여 겹치는 이미지를 만들 수 있어요.

❸ 원하는 클립아트를 다운로드 받은 후 문서에 추가해요.

실패한 디저트 브라우니

학습목표

★ 제목을 입력한 다음 덧말을 추가해요.
★ 사진 편집 기능으로 그림을 보정해요.

실습파일 브라우니.hwp   완성파일 브라우니(완성).hwp

완성 작품 미리보기

음식 이야기

① 제목에 덧말을 입력해요!

❶ 한글 2022 프로그램을 실행하여 [Chapter 10_브라우니]-**브라우니.hwp** 파일을 불러와요.

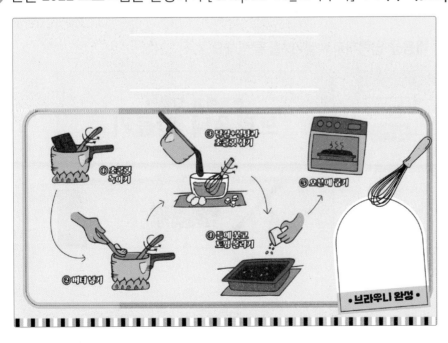

② 문서 상단의 **가운데를 선택**한 다음 제목을 입력해요.

③ 입력한 내용을 블록으로 지정한 다음 **[입력]-[덧말 넣기]**을 클릭해요.

④ 본말을 확인한 다음 **덧말 내용**을 입력하고 <넣기>를 클릭해요.

② 사진 편집 기능으로 그림을 보정해요!

1 문서의 배경을 선택한 다음 **[입력]-[그림(▣)]**을 클릭해요.

2 [불러올 파일]-[Chapter 10_브라우니]-**브라우니.jpg** 파일을 클릭하고 아래 옵션을 그림과 같이 선택한 다음 <열기>를 클릭해요.

3 입력된 그림의 크기를 적당히 조절한 다음 **[그림(🎤)]-[사진 편집(🖼)]**을 클릭해요.

❹ **[간편 보정]**에서 원하는 효과를 선택한 후 **[투명 효과]**를 클릭하세요. [사진 편집기] 대화상자가 나오면 <예>를 클릭하세요.

❺ **[투명 효과]**에서 유사 색상 범위를 **100~110**으로 지정해요. 그다음 브라우니 **그림의 배경**을 선택하여 투명하게 변경하고 <적용>을 클릭해요.

 팁 **사진 편집기 대화상자의 단추를 알아보아요!**

재설정 : 선택된 효과를 지우고 원래 사진의 형태로 되돌려요.

적용 : 선택된 효과를 이미지에 바로 적용시켜요.

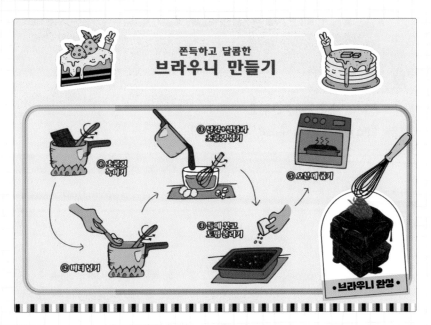

❶ 효과가 적용된 브라우니 그림의 크기와 위치를 변경해 보세요.

❷ [Chapter 10_브라우니] 폴더에서 꾸미기 그림을 불러와 사진 편집기로 보정하여 문서를 꾸며 보세요.

실습파일 : 브라우니_연습문제.hwp   완성파일 : 브라우니_연습문제(완성).hwp

❶ 제목에 덧말을 입력해 보세요.

❷ 사진 편집 기능으로 그림의 배경을 제거한 후 크기와 위치를 변경해 보세요.

CHAPTER 11

누구에게나 공평한 바게트

학습목표

★ 문서의 단을 2개로 나눠요.
★ 텍스트와 어울리게 그림을 배치해요.

실습파일 바게트.hwp   완성파일 바게트(완성).hwp

완성 작품 미리보기

장발장 이야기

집이 너무나 가난했던 장발장 아저씨는 함께 사는 조카들에게 챙겨줄 음식이 없어 속상했어요. 고민을 거듭하던 장발장은 결국 조카들을 위해 빵을 훔치기로 결심했지요.

몰래 빵집에서 먹음직스러운 빵 하나를 훔치게 되지만 경찰에게 붙잡혀 19년 동안 감옥에서 생활을 하게 됩니다.

이후 장발장은 감옥에서 나오지만 머무를 곳이 없었어요. 그래서 성당 신부님을 찾아가게 되지요. 감사하게도 신부님은 장발장을 따뜻하게 맞아

주며, 정성스러운 저녁까지 대접해 주었어요. 따뜻한 온기를 느끼며 잠을 청하려던 장발장의 눈에는 반짝거리는 은그릇이 보이기 시작했어요.

"이 은그릇을 팔면 더 이상 조카들이 굶지 않아도 될 텐데..."

결국 장발장은 은그릇을 훔치고 말았지만 금방 경찰에게 잡혀 성당으로 돌아오게 됩니다. 그러나 신부님은 "경찰관님, 장발장이 은그릇을 훔친 것이 아니고 제가 선물로 드렸습니다. 은촛대도 드렸는데 왜 가져가지 않으셨나요?"라며 장발장의 잘못을 덮어주었어요.

 부끄러운 마음이 들었던 장발장은 신부님께 용서를 구했어요. 앞으로는 착한 마음을 가지고 살아가기로 다짐했답니다.

음식 이야기

1775년대 **부자**는 부드러운 흰 **빵**, **가난한 자**는 딱딱한 검은 빵을 먹었대요.

홀짝

음~스멜

딱딱해..ㅠ

프랑스 혁명

빵의 평등권을 달라!!!

우리도 따뜻하고 부드러운 빵을 먹고싶다!!

와아아악

그리하여 길이 80cm, 무게300g의 **차별 없는 빵 바게트**가 탄생!

나 '바게트'는 모든 사람에게 평등하다

표의 가로와 세로 줄에 똑같은 그림을 배치하지 않아요.

① 문서의 단을 두 개로 나눠요!

❶ 한글 2022 프로그램을 실행하여 [Chapter 11_바게트]-**바게트.hwp** 파일을 불러와요.

집이 너무나 가난했던 장발장 아저씨는 함께 사는 조카들에게 챙겨줄 음식이 없어 속상했어요. 고민을 거듭하던 장발장은 결국 조카들을 위해 빵을 훔치기로 결심했지요.

동네 빵집에서 먹음직스러운 빵 하나를 훔치게 되지만 경찰에게 붙잡혀 19년 동안 감옥에서 생활을 하게 됩니다.

이후 장발장은 감옥에서 나오지만 머무를 곳이 없었어요. 그래서 성당 신부님을 찾아가게 되지요. 감사하게도 신부님은 장발장을 따뜻하게 맞아주며, 정성스러운 저녁까지 대접해 주었어요.

따뜻한 온기를 느끼며 잠을 청하려던 장발장의 눈에는 반짝거리는 은그릇이 보이기 시작했어요.

"이 은그릇을 팔면 더 이상 조카들이 굶지 않아도 될 텐데..."

결국 장발장은 은그릇을 훔치고 말았지만 금방 경찰에게 잡혀 성당으로 돌아오게 됩니다. 그러나 신부님은 "경찰관님, 장발장이 은그릇을 훔친 것이 아니고 제가 선물로 드렸습니다. 은촛대도 드렸는데 왜 가져가지 않으셨나요?"라며 장발장의 잘못을 덮어주었어요.

부끄러운 마음이 들었던 장발장은 신부님께 용서를 구했어요. 앞으로는 착한 마음을 가지고 살아가기로 다짐했답니다.

❷ 문서를 두 개의 단으로 나누기 위해 **[쪽]-[단(▦)]**을 클릭해요.

❸ 단을 아래 그림과 같이 지정한 다음 **<설정>**을 클릭해요.

② 글자처럼 취급을 지정하여 제목 그림을 넣어요!

❶ 문서의 **맨 첫 번째 줄**을 선택한 다음 **[입력]-[그림(▦)]**을 클릭해요.

❷ [불러올 파일]-[Chapter 11_바게트]-**제목.png** 파일을 클릭하고 아래 옵션을 그림과 같이 선택한 다음 <열기>를 클릭해요.

 팁 **그림을 입력할 때 참고하세요!**

· 문서에 포함 : 문서에 포함이 체크되지 않으면 삽입된 그림이 누락될 수 있으니 되도록 '문서에 포함'은 꼭 체크해주세요.

· 글자처럼 취급 : 개체가 텍스트와 동일한 효과를 가지게 되어 정렬 등의 작업을 할 때 편리해요.

· 마우스로 크기 지정 : 해당 옵션을 체크하면 마우스를 이용하여 원하는 크기로 그림을 넣을 수 있어요.

❸ 입력된 그림의 **크기**를 적당히 조절해요.

텍스트와 어울리게 그림을 배치해요!

❶ [입력]-[그림(🖼)]을 클릭하여 옵션을 아래와 같이 선택한 다음 **어린이.png** 그림을 넣어요.

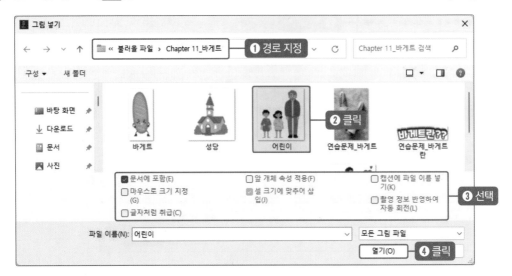

❷ 입력된 그림을 선택한 다음 [그림(🌷)]-[어울림(▧)]이 선택된 것을 확인해요.

❸ **어울림**은 텍스트와 그림이 함께 어우러지도록 배치하는 기능이에요. 그림의 크기와 위치를 적당히 조절해 보세요.

❶ [Chapter 11_바게트] 폴더 내의 그림들을 문서에 넣어 작품을 완성해 보세요. 그림을 넣을 때 '문서에 포함'시키고, 입력된 그림은 '어울림' 옵션을 지정하여 크기와 위치를 조절해요.

더 멋지게 실력 뿜뿜

실습파일 : 바게트_연습문제.hwp   완성파일 : 바게트_연습문제(완성).hwp

❶ 문서를 2개의 단으로 나눈 다음 너비(111mm)와 간격(35mm)을 맞춰주세요.

❷ 제목 이미지를 삽입한 후 '글자처럼 취급'을 지정해요.

❸ 바게트 이미지를 입력한 다음 '어울림'을 지정해요.

CHAPTER 12

환자를 위한 건강식 시리얼

학습목표

★ 편집 용지를 가로로 변경해요.
★ 문서를 여러 구역으로 나누고 배경에 그림을 채워요.

실습파일 없음   완성파일 시리얼(완성).hwp

완성 작품 미리보기

음식 이야기

1 편집 용지를 가로로 변경해요!

① 한글 2022 프로그램을 실행한 후 [새문서]를 클릭해요.

❷ 편집 용지를 가로로 변경하기 위해 F7을 누른 다음 **용지 방향**을 **가로**로 선택해요.

❸ 한 페이지가 모두 보일 수 있도록 프로그램 오른쪽 하단에서 **쪽 맞춤(▯)**을 지정해요.

🐦 팁 **폭 맞춤과 쪽 맞춤**

문서의 보기 방식을 설정하는 방법으로 '확대/축소' 비율을 직접 입력하거나 선택할 수도 있지만 정해진 옵션을 활용하면 더욱 편리해요!

• 폭 맞춤(⊟) : 문서의 가로 길이를 기준으로 확대 또는 축소해요.
• 쪽 맞춤(▯) : 문서의 한 쪽 전체가 화면에 들어올 수 있도록 확대 또는 축소해요.

② 문서를 여러 구역으로 나눠요!

① [쪽]-[구역 나누기(⊞)]를 클릭하여 문서를 두 **구역**으로 나눠요.

② 똑같은 방법으로 문서를 **다섯 구역**으로 늘려보세요.

 팁 현재 문서의 구역은 이렇게 확인해요!

프로그램 왼쪽 하단에서 현재 문서의 상태를 확인할 수 있어요. 5/5구역 은 5개의 구역 중 5번째 구역이 선택되어 있다는 뜻이에요. 만약 5개의 구역 중 2번째 구역을 선택한다면 2/5구역 으로 표시되겠지요.

③ 문서에 배경을 채워요!

❶ 맨위 첫 번째 구역의 중앙을 클릭하여 커서를 위치시킨 다음 **[쪽]-[쪽 테두리/배경(▣)]**을 선택해요.

❷ **[배경]-그림**을 체크한 다음 그림 선택을 눌러 [불러올 파일]-[Chapter 12_시리얼]-**방법1.jpg**을 선택해요. 이어서, 아래 그림과 같이 옵션을 설정해 주세요.

❶ 문서의 2~5 구역에 알맞은 그림으로 배경을 채워보세요.

더 멋지게 실력 뿜뿜

실습파일 : 없음   완성파일 : 시리얼_연습문제(완성).hwp

❶ 한글 프로그램을 실행한 다음 편집 용지를 가로로 변경해요.

❷ 구역 나누기 기능을 이용하여 4개의 구역으로 나눠요.

❸ 각각의 구역에 배경을 채워요.

CHAPTER 13

라면의 역사 속으로!

학습목표

★ 찾아 바꾸기 기능을 이용하여 잘못된 단어를 바르게 고쳐요.

★ 한자를 입력하고 특정 단어에 강조점을 넣어요.

실습파일 라면.hwp   완성파일 라면(완성).hwp

완성 작품 미리보기

한국(韓國)과 일본(日本), 라면의 차이

1. 면

▶한국
반죽된 면을 얇게 뽑아 튀겨 꼬불꼬불한 모양을 하고 있다. 대부분 이 과정을 거쳐 봉지에 포장된 상태로 판매되어 간편식으로 먹는다.

▶일본
우리나라와 같이 인스턴트 라면을 먹기도 하지만 생 면발을 뽑아 즉석에서 라면을 만들어내는 방식으로 주로 판매되고 있다.

2. 국물

음식 이야기

간편하고 든든한 **라면**, **어느 나라**에서 시작된 음식일까요?

맨 처음 라면은 중국에서 먹기 시작했어요!

중국 → 일본 → 한국

1870년대에 일본으로 건너가 '라멘'이 되었지

라미엔

라오멘

라멘

지금 **한국**에서는 **라면**이라는 이름으로 사랑받고 있지요!

한국식 라면 문화가 정말 크게 발달했지!

뿌듯

창의 놀이터 : 맛있는 라면을 끓이는 순서에 맞추어 번호를 적어보세요!

1 잘못된 단어를 찾아 한 번에 고쳐요!

❶ 한글 2022 프로그램을 실행하여 [Chapter 13_라면]-**라면.hwp** 파일을 불러와요.

② 문서를 살펴보면 **라면**이 **라멸**로 잘못 입력된 것을 확인할 수 있어요. [편집]-[찾기(🔍)] → [**찾아 바꾸기(🔤)**]를 클릭해요.

③ 아래와 같이 내용을 입력한 다음 **문서 전체**를 선택하고 <모두 바꾸기>를 클릭해요. <확인>과 <닫기>를 번갈아 클릭해요.

④ 문서에서 **라멸**이 **라면**으로 수정된 것을 확인해 보세요.

💡 **단어를 확인하면서 바꾸기**

[찾아 바꾸기] 대화상자에서 <바꾸기>를 클릭하면 찾을 방향을 기준으로 하나씩 단어를 찾아서 확인한 후 바꿀 수 있어요. 만약, 단어를 찾은 후 내용을 변경하면 안 되는 경우에는 <다음 찾기>를 클릭하면 돼요.

2 입력된 단어를 한자로 변경해요!

① 제목에서 **한국**을 블록으로 지정한 다음 [한자]를 눌러요.

② 알맞은 한자를 선택한 다음 **입력 형식**을 **한글(漢字)**로 지정하고 <바꾸기>를 클릭해요.

③ 똑같은 방법으로 제목에서 **일본**을 한자로 바꿔보세요.

③ 특정 단어에 강조점을 추가해요!

❶ 제목에서 **차이**를 블록으로 지정한 다음 마우스 오른쪽 버튼을 눌러 [**글자 모양**]을 클릭해요.

❷ [확장]에서 원하는 강조점을 선택한 다음 <설정>을 클릭해요.

❸ 해당 단어에 강조점이 추가된 것을 확인해 보세요.

2. 국물

▶한국
한국인은 고추, 고춧가루, 마늘, 김치 등을 이용하여 국물을 만들어내기 때문에 라면 국물의 색상이 붉은 것이 특징이며, 맛도 얼큰하고 매콤하다.

▶일본
간장, 미소(된장)을 주로 이용하여 국물을 만들기 때문에 자극적이지 않고 담백한 것이 특징이다.

3. 부재료

▶한국
한국식 라면은 대부분 인스턴트식품이기 때문에 면발을 제외하고는 말린 야채 또는 말린 해산물이 부재료로 들어가게 된다.

❶ 찾아 바꾸기 기능을 이용하여 문서 내의 '궁물' 단어를 '국물'로 변경해 보세요.
❷ 원하는 단어에 여러 가지 강조점을 추가해 보세요.

실습파일 : 라면_연습문제.hwp   완성파일 : 라면_연습문제(완성).hwp

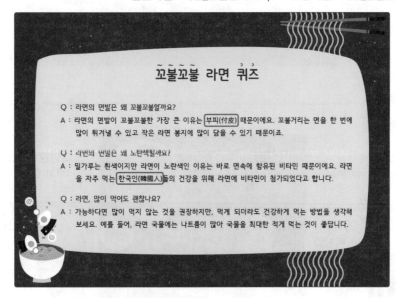

꼬불꼬불 라면 퀴즈

Q : 라면의 면발은 왜 꼬불꼬불할까요?
A : 라면의 면발이 꼬불꼬불한 가장 큰 이유는 부피(付皮) 때문이에요. 꼬불거리는 면을 한 번에 많이 튀겨낼 수 있고 작은 라면 봉지에 많이 담을 수 있기 때문이죠.

Q : 라면의 면발은 왜 노란색일까요?
A : 밀가루는 흰색이지만 라면이 노란색인 이유는 바로 면속에 함유된 비타민 때문이에요. 라면을 자주 먹는 한국인(韓國人)들의 건강을 위해 라면에 비타민이 첨가되었다고 합니다.

Q : 라면, 많이 먹어도 괜찮나요?
A : 가능하다면 많이 먹지 않는 것을 권장하지만, 먹게 되더라도 건강하게 먹는 방법을 생각해 보세요. 예를 들어, 라면 국물에는 나트륨이 많아 국물을 최대한 적게 먹는 것이 좋답니다.

❶ 찾아 바꾸기 기능으로 '람현'을 '라면'으로 변경해 보세요.
❷ '부피(付皮)'와 '한국인(韓國人)'을 한자로 변환해 보세요.
❸ 제목에 강조점을 추가해 보세요.

CHAPTER 14

신에게 바치던 제사 음식 케이크

학습목표

★ 표를 삽입한 다음 여러 가지 색을 채워요.
★ 표의 테두리를 지워요.

실습파일 케이크.hwp   완성파일 케이크(완성).hwp

완성 작품 미리보기

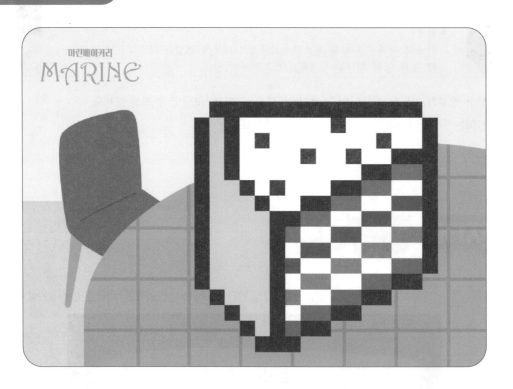

음식 이야기

특별한 날 **케이크**를 먹기 시작한 역사는 굉장히 오래되었어요

생일
솔직히 나 빠지면 섭섭하지
결혼식
돌잔치

고대의 케이크는 신께 바치는 **태양**과 달 모양!

엣헴

신께 바치고 남은 빵은 서로 **나눠먹는 풍습**이 있었지요

다양한 **토핑**을 얹어 발전되어 온 역사 깊은 음식, 달콤한 케이크

오~ 잘 팔리겠는데!
이건 아이디어 상품이야!

① 표를 입력해요!

❶ 한글 2022 프로그램을 실행하여 [Chapter 14_케이크]-케이크.hwp 파일을 불러와요.

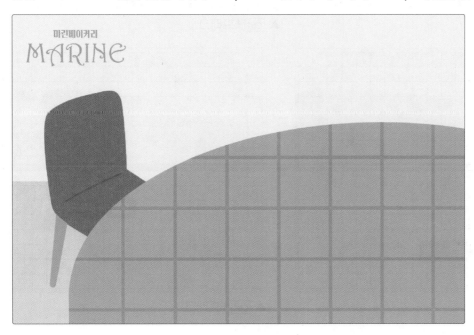

② [입력]-[표(⊞)]를 클릭한 다음 아래 그림을 참고하여 문서에 표를 입력해요.

② 표에 색상을 채워요!

① 아래 그림을 참고하여 표 안쪽 셀을 선택해 보세요. 만약 셀 선택이 잘못되었다면 Ctrl을 누른 채 해당 셀을 클릭하면 선택이 해제돼요.

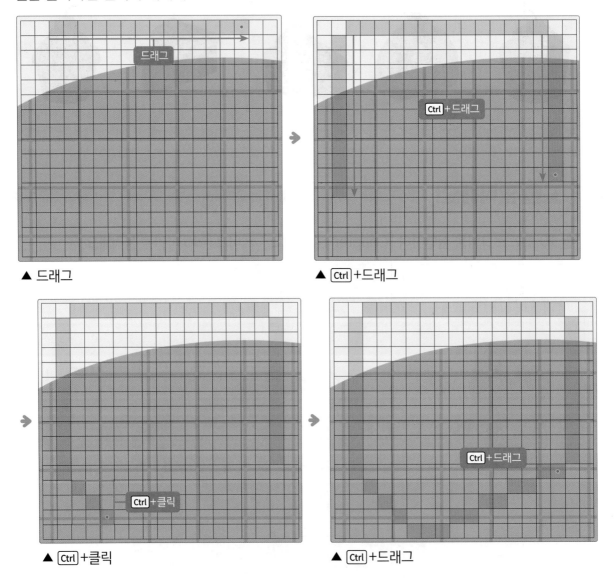

▲ 드래그 　　　　　▲ Ctrl+드래그

▲ Ctrl+클릭 　　　　　▲ Ctrl+드래그

❷ [표 디자인()]-[표 채우기(🔲)]을 이용하여 짙은 계열의 **회색**을 선택해요.

❸ 똑같은 방법으로 색을 채워 **케이크의 윤곽**을 완성해 보세요.

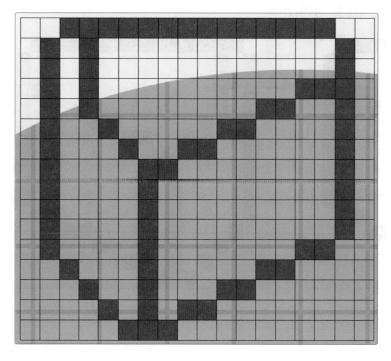

3 표의 테두리를 지워요!

① 표 안쪽을 클릭한 다음 F5를 **세 번** 눌러 모든 셀을 선택해요.

② [표 디자인(📋)]-[테두리(▦)] → **[테두리 없음(⊞)]**을 클릭해요.

③ Esc를 눌러 표 안쪽의 검정 테두리가 사라진 것을 확인해 보세요. 빨간 점선은 표를 구분할 때 도움을 주는 선으로, 표 선택이 해제되면 사라질 거예요!

❶ 표 안쪽에 여러 가지 색상을 채워 예쁜 케이크를 완성해 보세요.

실습파일 : 케이크_연습문제.hwp   완성파일 : 케이크_연습문제(완성).hwp

❶ 표에 색상을 채워 컵케이크를 만들어 보세요.

❷ 표에 적용된 테두리를 모두 지워보세요.

CHAPTER 15

어린 꼬마가 개발한 아이스바

학습목표

★ 여러 가지 도형을 이용하여 그림을 그려요.
★ 도형의 채우기와 선 서식을 변경해요.

실습파일 아이스바.hwp   완성파일 아이스바(완성).hwp

완성 작품 미리보기

음식 이야기

① 도형을 넣어 아이스크림 막대를 만들어요!

❶ 한글 2022 프로그램을 실행하여 [Chapter 15_아이스바]-**아이스바.hwp** 파일을 불러와요.

❷ [입력]-[직사각형(□)]을 클릭해요.

❸ 문서의 빈 곳을 드래그하여 도형을 그린 다음 아래 그림과 같이 **크기 및 위치**를 조절해요.

팁 **도형을 그릴 때 알아두세요!**
• 크기 조절 : 조절점(●)을 드래그해요.
• 위치 변경 : 도형의 중앙을 드래그해요.

❹ **도형**을 더블 클릭해요. 아래 그림을 참고하여 도형의 서식을 변경한 다음 완성된 아이스크림 막대를 확인해요.

② 그리기 조각을 넣어 아이스크림의 윗부분을 만들어요!

① [입력]-[다른 그리기 조각]을 클릭해요.

② [기본도형]-[이등변 삼각형]을 선택한 다음 <넣기>를 클릭해요. 아이스크림 막대 근처에 도형을 그린 다음 크기와 위치를 맞춰주세요.

③ 입력된 삼각형의 **테두리 부분**을 더블 클릭한 다음 아래 그림을 참고하여 도형의 서식을 변경해요.

③ 직사각형을 넣어 아이스크림을 완성해요!

❶ [입력]-[직사각형(□)]을 클릭한 다음 도형을 그려보세요.

❷ 입력된 도형을 더블 클릭한 다음 아래 그림을 참고하여 도형의 서식을 변경해요.

❸ 문서 왼쪽에 수박씨 그림 위에서 마우스 오른쪽 버튼을 눌러 [순서]-[맨 앞으로]를 선택해요. 그다음 아이스크림 위쪽으로 수박씨를 드래그하여 완성해요.

작품을 완성해요 ▸▸▸

• 도형 : [다른 그리기 조각]-[기본도형]-[정육면체]

• 도형 : [직사각형]

❶ 도형을 이용하여 나머지 두 개의 아이스크림을 완성해 보세요. 아이스크림 막대는 복사해서 사용하면 편리해요.

❷ 도형의 채우기, 선 서식은 배운 기능을 활용하여 자유롭게 지정해 보세요.

더 멋지게 실력 뿜뿜

실습파일 : 아이스바_연습문제.hwp   완성파일 : 아이스바_연습문제(완성).hwp

❶ 다른 그리기 조각에서 [그리기 조각]-[기본도형]-[이등변 삼각형(△)]을 넣은 후 회전해 보세요.

❷ 도형에 면 색과 무늬 색을 지정한 다음 무늬 모양을 선택해 보세요.

❸ 문서 하단의 그림을 활용하여 원하는 아이스크림을 완성해 보세요.

퀴즈를 풀어보면서 지금까지 배운 내용을 정리해요

1 문서에 입력된 그림에서 필요한 부분만 사용하기 위해서는 어떤 기능을 이용하면 좋을까요?

① 그림 여백

② 그림 효과

③ 개체 속성

④ 자르기

2 잘못 입력된 단어를 쉽고 빠르게 고칠 수 있는 기능은 무엇일까요?

① 찾아 바꾸기　　　　② 찾아가기　　　　③ 찾기　　　　④ 다시 찾기

3 도형에 관련된 기능 중 잘못된 설명은 무엇일까요?

① 도형에 색상을 채울 수 있어요.

② 도형에 그러데이션을 채울 수 있어요.

③ 도형에 패턴을 채울 수 있어요.

④ 도형의 선은 변경할 수 없어요.

4 초코 케이크를 만들다가 베이킹 파우더를 넣지 못하여 실수로 만들어진 이 음식의 이름을 적어보세요.

5 한국과 일본 라면의 차이점을 하나만 적어보세요.

아래 작업 순서를 참고하여 문서를 완성해요

실습파일 : 16_연습문제.hwp   완성파일 : 16_연습문제(완성).hwp

작업 순서

❶ 입력된 표 안쪽에 색을 채워 예쁜 자동차를 만든 다음 표의 테두리를 삭제해요.

- 색 채우기 : [표 디자인(▦)]-[표 채우기(▨)]
- 테두리 삭제 : [표 디자인(▦)]-[테두리(▦)] → [테두리 없음(▦)]

❷ 분서 배경에 '배경.jpg' 그림을 새워요.

- 배경 채우기 : [쪽]-[쪽 테두리/배경(▣)]

❸ '하늘.jpg' 그림을 입력한 다음 필요한 부분을 잘라내고, 사진 편집으로 보정해요.

- 그림 입력 : [입력]-[그림(▣)]
- 그림이 보이지 않을 경우에는 다음 페이지를 확인해 보세요.
- 그림 자르기 : [그림(♟)]-[자르기(▤)]
- 사진 편집 : [그림(♟)]-[사진 편집(▧)]

CHAPTER 17

곰보 아줌마의 요리 마파두부

학습목표

★ 인터넷을 이용하여 필요한 그림을 찾아요.
★ 스크린 샷 기능으로 문서에 그림을 넣어요.

실습파일 마파두부.hwp   완성파일 마파두부(완성).hwp

완성 작품 미리보기

마린이네 **홍콩반점**

오늘의 주방장 **추천요리!**

마파두부 · · · · · · · · 13,000원
두부와 고기를 다져 된장이나 조미료를 넣고
볶아서 만드는 요리로, 밥과 비벼 먹는 음식

꿔바로우 · · · · · 21,000원
얇게 썬 돼지고기를 바삭하게
튀겨내는 형태로, 탕수육보다
쫄깃한 식감을 가진 요리

렌보샤 · · · · · 15,000원
중국식 새우 샌드위치로,
식빵 사이에 다진 새우 살을
넣고 튀긴 음식

난자완스 · · · · · 34,000원
곱게 다진 돼지고기로 완자를
만들어 양념을 끼얹어 먹는
고급 요리

꽃빵 · · · · · 3,000원
밀가루로 만든 꽃 모양의 빵,
마파두부를 먹을 때 함께
곁들이면 좋은 사이드 메뉴

음식 이야기

1970년대, 중국 **사천성**에서
만들어진 음식 **마파두부!**

매콤 고소
감칠맛 가득!

나그네들이 많던 사천성의 한 식당에
가난한 손님이 방문했어요

이걸로 두부라도
좀 구워주시면
안될까요...

?!

인심 좋은 주인은 **맵고 뜨거운
두부** 요리를 내주었는데,

이 음식은
식당 주인 얼굴의
곰보(흉터) 이름을
붙여서 마파두부라고
부르기 시작했어요!

96

1 · 중식요리 전문점에 있나요? ➡ O

2 · 국물이 있는 요리인가요? ➡ X

3 · 밥이 들어간 요리인가요? ➡ X

4 · 고기가 들어있나요? ➡ O

5 · 맵게 양념이 되어있나요 ? ➡ X

정답

ㄱ
ㅁ

1 인터넷 창을 열어 그림을 검색해요!

❶ 한글 2022 프로그램을 실행하여 [Chapter 17_마파두부]-**마파두부.hwp** 파일을 불러와요.

마린 이네 **홍콩반점**

꿔바로우 · · · · **21,000원**
얇게 썬 돼지고기를 바삭하게 튀겨내는 형태로, 탕수육보다 쫄깃한 식감을 가진 요리

멘보샤 · · · · **15,000원**
중국식 새우 샌드위치로, 식빵 사이에 다진 새우 살을 넣고 튀긴 음식

난자완스 · · · · **34,000원**
곱게 다진 돼지고기로 완자를 만들어 양념을 끼얹어 먹는 고급 요리

오늘의 주방장 추천요리!

마파두부 · · · · · · **13,000원**
두부와 고기를 다져 된장이나 조미료를 넣고 볶아서 만드는 요리로, 밥과 비벼 먹는 음식

꽃빵 · · · · · **3,000원**
밀가루로 만든 꽃 모양의 빵, 마파두부를 먹을 때 함께 곁들이면 좋은 사이드 메뉴

❷ 인터넷을 실행시켜 보세요.

❸ 주소 창 또는 검색 칸에 **마파두부**를 입력한 다음 Enter 를 눌러요. 검색 결과가 표시되면 **[이미지]** 탭을 선택해요.

❹ 스크롤을 내려 원하는 마파두부 사진을 선택해요.

② 선택한 이미지를 한글 문서로 가져와요!

❶ 작업 표시줄에서 아이콘을 눌러 **마파두부.hwp** 문서를 활성화 시켜줍니다.

❷ [입력]-[그림(▨)]-[스크린 샷(▣)]을 선택한 다음 **<화면 캡처>**를 클릭해요.

❸ 인터넷 창이 열리면 캡처할 이미지를 드래그해 보세요.

④ 한글 문서로 캡처된 그림이 삽입되면 크기와 위치를 조절해요.

③ 그림 효과를 적용해요!!

① 입력된 그림을 선택한 다음 [그림(🌷)]-[그림 효과(🖼)] → [**그림자**]에서 원하는 그림자를 클릭해요.

① 인터넷으로 메뉴를 검색한 후 스크린 샷 기능을 이용하여 메뉴에 알맞은 그림을 넣어보세요.

② 입력된 그림에 그림자 효과를 적용해 보세요.

실습파일 : 마파두부_연습문제.hwp   완성파일 : 마파두부_연습문제(완성).hwp

① 인터넷을 열어 해당 재료로 만들 수 있는 맛있는 음식을 검색해요.

② 스크린 샷 기능을 이용하여 해당 음식을 캡처해 보세요.

③ 음식 재료에 맞추어 배치한 후 여러가지 그림 효과를 적용해 보세요.

CHAPTER 18

비굴하지 않은 굴비

학습목표

★ 글자 겹치기 기능으로 나만의 특수 문자를 만들어요.
★ 문자의 색상을 변경해요.

실습파일 굴비.hwp   완성파일 굴비(완성).hwp

완성 작품 미리보기

음식 이야기

반	밥	말
	장	난	김

채	소	잠
	면	섯	잡

갈	삼	소
	고	이	비

1 글자 겹치기 기능으로 문양을 만들어요!

❶ 한글 2022 프로그램을 실행하여 [Chapter 18_굴비]-**굴비.hwp** 파일을 불러와요.

② 그림과 같이 식탁의 위쪽 부분을 선택해요.

③ [입력]-[입력 도우미] → **[글자 겹치기]**를 클릭해요.

④ **모양 안에 글자 겹치기**와 **테두리 없음(＼)**을 선택한 다음 **겹쳐 쓸 글자** 입력 칸 위에서 마우스 오른
쪽 버튼을 눌러 **[문자표]**를 선택해요.

⑤ **[사용자 문자표]-[기호1]**에서 아래와 같은 기호를 찾아 선택한 다음 <넣기>를 클릭해요.

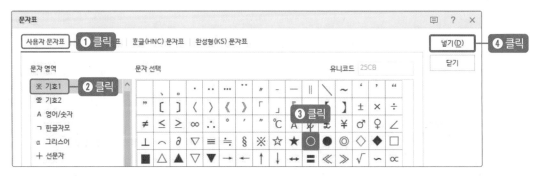

6 **겹쳐 쓸 글자** 입력 칸 위에서 다시 마우스 오른쪽 버튼을 눌러 **[문자표]**를 선택해요.

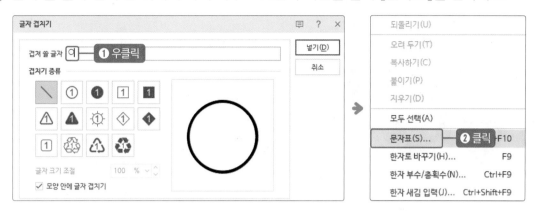

7 **[사용자 문자표]**-**[특수기호 및 딩뱃기호]**에서 원하는 문자를 선택한 다음 <넣기>를 클릭해요.

8 두 개의 문자가 겹쳐진 것을 확인한 다음 <넣기>를 클릭해요.

9 겹쳐진 글자가 삽입되면 Space Bar 를 눌러 빈 칸을 추가한 후 Esc 2번 누르세요.

2 모양을 복사한 다음 색상을 변경해요!

❶ 입력된 모양을 블록으로 지정해요. Ctrl + C 를 눌러 복사한 다음 Ctrl + V 를 여러 번 눌러 붙여넣어요.

❷ 색상을 변경하려는 모양을 블록으로 지정한 다음 서식 도구 상자에서 글자 색(가)을 이용하여 원하는 색상을 선택해요.

❶ 글자 겹치기를 이용해 식탁 아래에도 문양을 넣어보세요.

❷ 식탁 주변의 음식들을 잘 배치하여 한식 상차림을 완성해 보세요.

더 멋지게 실력 뿜뿜

실습파일 : 굴비_연습문제.hwp   완성파일 : 굴비_연습문제(완성).hwp

❶ 완성된 이미지를 참고하여 글자 겹치기 기능으로 다양한 문자를 겹쳐서 넣어보세요.
    (모양이 똑같지 않아도 괜찮아요.)

❷ 문자의 서식을 변경해 보세요.

CHAPTER 19

추위를 따뜻하게 녹여주는 퐁듀

학습목표

★ 텍스트에 새로운 스타일을 추가해요.
★ 텍스트에 여러 가지 스타일을 적용해요.

실습파일 퐁듀.hwp　　완성파일 퐁듀(완성).hwp

완성 작품 미리보기

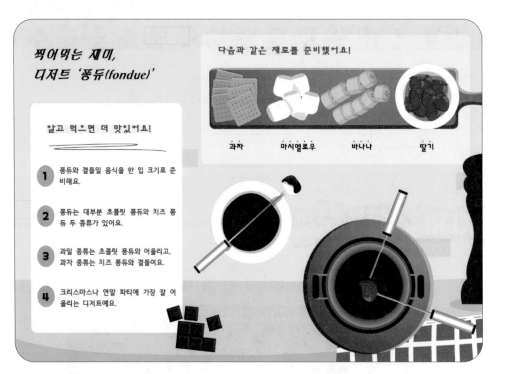

찍어먹는 재미,
디저트 '퐁듀(fondue)'

다음과 같은 재료를 준비했어요!

알고 먹으면 더 맛있어요!

1 퐁듀와 곁들일 음식을 한 입 크기로 준비해요.

2 퐁듀는 대부분 초콜릿 퐁듀와 치즈 퐁듀 두 종류가 있어요.

3 과일 종류는 초콜릿 퐁듀와 어울리고, 과자 종류는 치즈 퐁듀와 곁들여요.

4 크리스마스나 연말 파티에 가장 잘 어울리는 디저트예요.

과자　　마시멜로우　　바나나　　딸기

음식 이야기

퐁듀는 치즈, 초콜릿을 녹여서 다양한 재료를 **찍어먹는 요리**예요.

산으로 둘러싸인 **알프스** 지역은 외부와 접촉이 어려웠어요.

맛있게 먹을 수 있는 방법이 없을까?

딱딱한 빵

치즈

와인

이렇게 끓여서 따뜻하게 오래 먹을 수 있지!

정확한 발음은 '퐁뒤' 녹이다 라는 뜻이야!

철	오	천	리	구	나	짱	수
재	이	두	구	왕	딸	기	석
크	번	사	과	토	규	둥	달
가	주	금	니	민	마	순	기
롱	마	너	라	목	치	로	이
새	공	제	화	크	로	즈	키
분	포	도	다	삼	래	영	옹
반	수	뽀	기	말	흰	커	티

크래커

사과

포도

딸기

치즈

1 텍스트에 스타일을 적용해요!

① 한글 2022 프로그램을 실행하여 [Chapter 19_퐁듀]-**퐁듀.hwp** 파일을 불러와요.

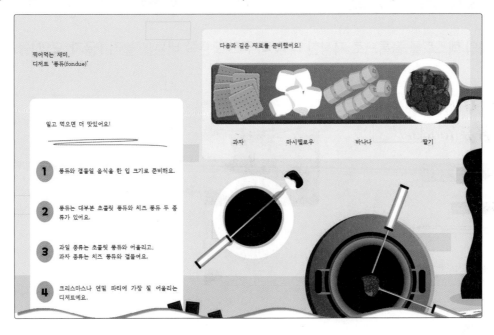

② 다음과 같은 위치의 텍스트를 블록으로 지정해요.

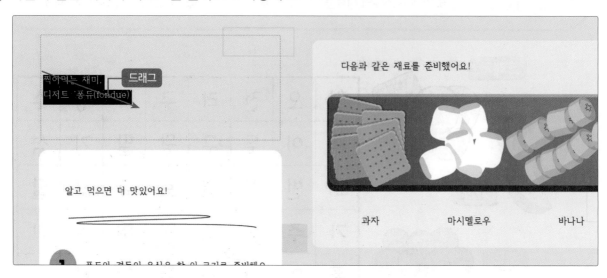

③ **[서식]**에서 **퐁듀 제목** 스타일을 선택하여 글자의 서식을 변경해요.

 팁 **스타일은 어떤 기능인가요?**

스타일은 문서에 입력된 내용의 서식을 손쉽게 적용할 수 있는 기능으로, 여러 번 반복되는 제목이나 내용을 동일한 서식으로 변경이 가능해요. '퐁듀 제목'과 같이 미리 스타일을 추가해 놓으면 원하는 서식으로 빠르게 변경할 수 있지요.

2 새로운 스타일을 추가해요!

① 다음과 같은 위치의 텍스트를 블록으로 지정한 다음 마우스 오른쪽 버튼을 눌러 **[글자 모양]**을 클릭해요.

❷ **기준 크기**를 **16pt**로 지정한 다음 **글꼴, 속성, 글자 색, 음영 색**을 원하는 대로 변경해 보세요. 이어서, <설정>을 클릭해요.

❸ 서식이 변경된 것을 확인한 다음 텍스트를 다시 블록으로 지정하고 **[서식]-[스타일 추가하기(🗚+)]**를 클릭해요.

❹ 다음과 같이 스타일 이름을 입력하고 <추가>를 클릭해요. 스타일 목록에 **퐁듀 소제목** 스타일이 추가된 것을 확인할 수 있어요.

팁 **스타일을 해제하고 싶어요!**

특정 스타일이 적용된 텍스트를 블록으로 지정한 다음 Ctrl+1 을 눌러 스타일을 해제하고 원래 글꼴 서식대로 바꿀 수 있어요.

3 추가한 스타일을 텍스트에 적용해요!

❶ 다음과 같은 위치의 텍스트를 블록으로 지정해요.

❷ [서식]에서 **풍듀 소제목** 스타일을 선택하여 글자의 서식을 변경해요.

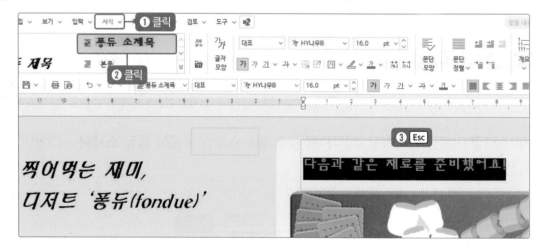

❸ 스타일이 적용된 텍스트를 확인해 볼까요?

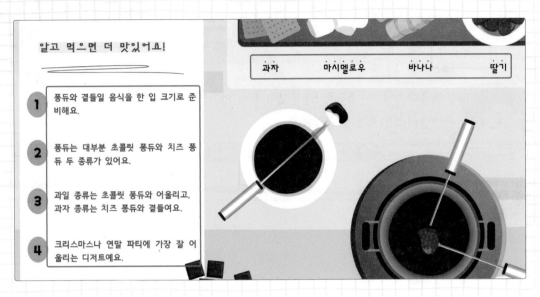

알고 먹으면 더 맛있어요!

① 퐁듀와 곁들일 음식을 한 입 크기로 준비해요.

② 퐁듀는 대부분 초콜릿 퐁듀와 치즈 퐁듀 두 종류가 있어요.

③ 과일 종류는 초콜릿 퐁듀와 어울리고, 과자 종류는 치즈 퐁듀와 곁들여요.

④ 크리스마스나 연말 파티에 가장 잘 어울리는 디저트예요.

과자　　마시멜로우　　바나나　　딸기

❶ 원하는 글꼴 서식으로 '퐁듀 본문' 스타일을 추가하고 적용해 보세요.
❷ 원하는 글꼴 서식으로 '퐁듀 재료' 스타일을 추가하고 적용해 보세요.

실습파일 : 퐁듀_연습문제.hwp　　완성파일 : 퐁듀_연습문제(완성).hwp

❶ '재료 :'를 블록으로 지정한 다음 원하는 글꼴 서식으로 변경해요. 단, 글꼴의 크기는 '16pt', 줄간격은 '265%'로 맞춰주세요.

❷ 변경된 서식을 새로운 스타일로 추가해 보세요. 스타일 이름은 '퐁듀 소제목'으로 지정해요.

❸ 완성된 이미지를 참고하여 '퐁듀 소제목'과 '퐁듀 본문' 스타일을 적용해 보세요.

CHAPTER 20

도넛 중앙에 구멍이 뚫린 이유

학습목표

★ 문단 번호 기능으로 텍스트를 보기 좋게 정리해요.
★ 문서 보기 방식을 변경해요.

실습파일 도넛.hwp   완성파일 도넛(완성).hwp

완성 작품 미리보기

도넛이란?

① 밀가루에 다양한 부재료를 넣고 반죽하여 기름에 튀긴 제과예요.
② 가운데 구멍이 뚫린 모양의 도넛부터 사각형, 하트 모양, 꽈배기 모양 등 반죽에 따라 다양한 모양을 하고 있지요.

도넛에 구멍을 뚫는 이유?

가) 빵의 가운데 구멍을 뚫어 튀기면 열이 골고루 잘 전달되어 쉽게 익힐 수 있어요.
나) 구멍을 통해 공기가 통하기 때문에 더욱 바삭한 식감과 균형 있는 모양을 유지할 수 있어요.

음식 이야기

1 텍스트에 문단 번호를 적용해요!

1 한글 2022 프로그램을 실행하여 [Chapter 20_도넛]-**도넛.hwp** 파일을 불러와요.

② 첫 번째 문단의 내용을 블록으로 지정해요.

③ [서식]-[문단 번호(☰)]의 목록 단추를 클릭하여 원하는 모양을 찾아 선택해요. 문단 번호가 적용된 것을 확인해 보세요.

④ 두 번째 문단의 내용을 블록으로 지정해요.

❺ 새로운 문단 번호를 적용하기 위해 **[서식]-[문단 번호(☰)]**의 목록 단추를 클릭해요.

❻ 첫 번째 수준이 **가)**인 것을 찾아 선택한 다음 문단 번호가 적용된 것을 확인해 보세요.

---

② **문서 보는 방식을 변경해요!** ┅┅┅┅┅┅┅┅┅┅┅┅┅┅┅┅┅┅┅┅┅┅┅┅┅

❶ 두 페이지를 크게 볼 수 있도록 프로그램 오른쪽 하단에서 확대/축소(🔍)를 클릭하여 **폭 맞춤**과 **두 쪽**을 지정해요.

❷ 불필요한 메뉴는 숨기고 작업 중인 문서를 크게 확대해 보도록 할게요. 우측 상단에서 **[전체 화면(↗)]** 을 클릭해요.

❸ 문서 보기 방식이 전체 화면으로 변경되면 2페이지의 도넛 재료를 이용하여 예쁘게 도넛을 장식해 보세요.

🐦 **팁** **문서 내에서 그림을 쉽게 복사하는 방법!**

똑같은 그림을 2개 이상 이용하고 싶다면 '복사' 기능을 사용하면 됩니다. 문서 내에서 Ctrl 을 누른 채 마우스 포인터가 🖑 모양으로 변경되면 도넛 장식 재료를 드래그 해보세요.

도넛 만드는 방법

A. 미지근한 물에 이스트, 계란, 밀가루, 버터, 설탕, 우유 등의 재료를 적절한 비율로 섞어 반죽해요.
B. 반죽이 마르지 않도록 젖은 행주로 덮고 1차 발효를 시켜 반죽을 크게 부풀려요.
C. 발효가 끝난 반죽을 원하는 모양으로 만든 다음 2차 발효를 해요.
D. 2차 발효가 끝나면 도넛 모양의 반죽을 깨끗한 기름에 튀겨요.
E. 튀긴 도넛에 초콜릿, 설탕, 크림 등 여러 가지 재료를 활용하여 예쁘게 장식해요.

도넛을 장식해요

❶ '도넛 만드는 방법' 문단에 원하는 문단 번호를 적용해 보세요.
❷ 8개의 도넛을 예쁘게 장식해 보세요.

더 멋지게 실력 뿜뿜

실습파일 : 도넛_연습문제.hwp   완성파일 : 도넛_연습문제(완성).hwp

도넛의 종류를 알아보아요!

글레이즈드 도넛(glazed doughnut)
가) 설탕 시럽이 코딩되어 있다.
나) 도넛 가운데 구멍이 뚫려있다.

필드 도넛(filled doughnut)
① 필드 도넛 대부분은 구멍이 없다.
② 도넛 안에 과일잼이나 크림 등의 내용물이 채워져 있다.

아이스 도넛(iced doughnut)
I. 도넛 겉면에 설탕이 뿌려져 있다.
II. 반죽 자체가 많이 달지 않고 식감이 좋다.

❶ 각각의 문단에 문단 번호를 표시해 보세요.

CHAPTER 21

아이스크림 상표 이름의 비밀

학습목표

★ 원하는 서식의 글맵시를 만들어요.
★ 글맵시 모양을 변환해요.

실습파일 아이스크림.hwp   완성파일 아이스크림(완성).hwp

완성 작품 미리보기

음식 이야기

베스킨라빈스는 다양한 맛을 마음껏 즐길 수 있는 아이스크림 천국이에요.

누가 만들었게?

1945년 미국, **라빈스**와 처남 **베스킨**이 본인들의 이름을 걸고 아이스크림 매장을 만들었어요.

베스킨

라빈스

1달(31일) 동안 매일 새로운 맛을 즐기세요!

써리원! 31

① 글맵시를 추가해요!

❶ 한글 2022 프로그램을 실행하여 [Chapter 21_아이스크림]-**아이스크림.hwp** 파일을 불러와요.

② [입력]-[글맵시(가나다)]를 선택해요.

③ 내용을 입력한 다음 글꼴을 지정하고 <설정>을 클릭해요. 물결 모양의 글맵시가 완성된 것을 확인할 수 있어요.

팁 더 빠르게 글맵시를 만들어 보자!

[글맵시(가나다)] 아이콘의 목록 단추를 눌렀을 때 제공되는 모양을 선택하여 빠르고 멋지게 글맵시를 완성할 수 있어요.

② 글맵시의 서식을 변경해요!

❶ 입력된 글맵시를 더블 클릭해요.

❷ **[채우기]**에서 **면 색, 무늬 색, 무늬 모양**을 원하는 스타일로 선택해요.

❸ **[선]**에서 원하는 선의 **색**과 **종류**를 선택하고, **굵기**를 **0.5mm**로 지정한 다음 <설정>을 클릭해요.

❹ 글맵시를 클릭한 다음 [글맵시(🄰)]-[글맵시 모양(◀)] → 📕**(아래쪽 리본 사각형)**을 선택해요.

⑤ 아래 그림을 참고하여 완성된 글맵시의 크기와 위치를 조절해 보세요.

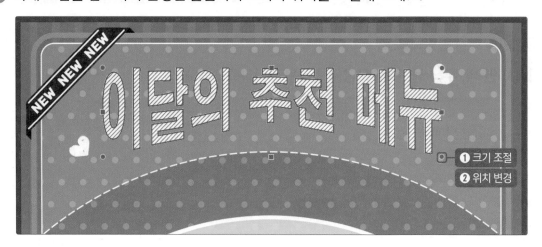

③ 아이스크림을 만들어요!

① 문서 2페이지의 여러 가지 그림들을 활용하여 포스터에 들어갈 아이스크림을 만들어 보세요.

 팁 작업 시 참고해요!

① 특정 그림 위에서 마우스 오른쪽 버튼을 눌러 [순서]-[맨 뒤로] / [순서]-[맨 앞으로] 기능을 이용하여 해당 그림의 순서를 배치할 수 있어요.

② 문서의 확대 비율 및 보기 방식을 변경하여 편리하게 작업할 수 있어요.

① 완성된 아이스크림의 이름을 글맵시로 입력해 보세요.

② 글맵시의 [채우기]는 '그러데이션'을 선택하고, 시작 색과 끝 색을 지정하여 만들었어요!

더 멋지게 실력뿜뿜

실습파일 : 아이스크림_연습문제.hwp   완성파일 : 아이스크림_연습문제(완성).hwp

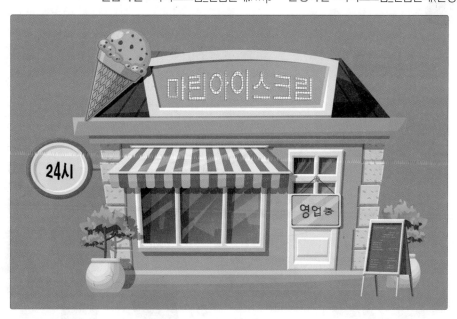

① 완성된 이미지를 참고하여 원하는 형태의 글맵시를 입력해 보세요.

인종차별로 만들어진 프라이드 치킨

★ 편집 용지의 크기를 변경해요.
★ 글상자를 이용하여 내용을 입력해요.

실습파일 프라이드치킨.hwp   완성파일 프라이드치킨(완성).hwp

완성 작품 미리보기

음식 이야기

18세기 미국, **백인** 농장주들은 **흑인**을 **노예**로 부렸어요.

또한 백인들은 닭을 **오븐**에 구워서 먹었어요.

바삭바삭 **프라이드 치킨**의 탄생!

① 편집 용지의 크기를 변경해요!

❶ 한글 2022 프로그램을 실행하여 [Chapter 22_프라이드치킨]-**프라이드치킨.hwp** 파일을 불러와요.

 팁 그림이 잘 보이지 않아요!

현재 불러온 파일의 편집 용지와 삽입되어 있는 배경 그림의 사이즈가 전혀 달라 어떤 그림인지 확인이 불가능해요. 편집 용지의 크기를 바꿔 어떤 그림인지 확인해 볼까요?

② 편집 용지의 사이즈를 변경하기 위해 **[쪽]-[편집 용지()]**를 클릭해요.

> 🐦 **팁** **바로 가기 키를 이용하면 더 간단해요!**
>
> 키보드의 F7을 눌러 한 번에 편집 용지 대화상자로 이동할 수 있어요.

③ 용지 종류의 **폭(80)**과 **길이(1000)**를 입력한 다음 <설정>을 클릭해요. 해당 사이즈는 배경 그림의 크기와 같답니다.

④ 편집 용지 사이즈가 변경되면 그림을 확인해 보세요.

팁 편집 용지 대화상자 더 살펴보기!

① 용지의 크기를 지정할 수 있으며, '종류' 를 선택하면 다양한 크기의 샘플 용지 가 있어요.

② 용지의 방향을 지정할 수 있어요.

③ 용지의 여백을 설정하여 문서 내 텍스트 를 어디부터 작성할 것인지 지정할 수 있어요.

② 글상자를 이용하여 내용을 입력해요!

❶ [입력]-[가로 글상자(▤)]를 이용하여 글상자를 넣고, 아래 그림을 참고하여 내용을 자유롭게 입력 해 보세요.

❷ 글상자의 테두리를 더블 클릭한 다음 [선]-종류(선 없음), [채우기]-색 채우기 없음을 지정하고 <설정>을 클릭해요.

❸ 글상자가 선택된 상태에서 서식 도구 상자를 이용하여 원하는 글꼴을 선택해 보세요.

작품을 완성해요 >>>

① 완성된 그림을 참고하여 빈 곳에 적당한 내용을 '글상자'로 입력해 보세요.

② 글상자에 입력된 내용의 글꼴 서식을 변경해 보세요.

더 멋지게 실력 뿜뿜

실습파일 : 프라이드치킨_연습문제.hwp   완성파일 : 프라이드치킨_연습문제(완성).hwp

① 문서 편집 용지의 크기를 변경해요. [폭 : 400 / 길이 : 300]

② 글상자를 이용하여 음식의 이름을 입력한 다음 글꼴 서식을 변경해 보세요.

③ 글상자의 서식을 변경해 보세요.

>>>

샌드위치와 햄버거 구분하기

학습목표

★ 특정 위치에 책갈피를 추가해요.
★ 책갈피 위치로 하이퍼링크를 지정해요.

실습파일 샌드위치_햄버거.hwp   완성파일 샌드위치_햄버거(완성).hwp

완성 작품 미리보기

도넛

원만한 성격을 가진 사람이며 단점을 찾을 수 없네요. 늘 실수하지 않기 위해 여러 가지 노력을 하고 언제 어디에서나 친구들과 잘 어울리는 분위기 메이커랍니다.

샌드위치

어린 아이와 같이 알고 싶은 게 굉장히 많아요. 호기심 때문에 가끔 곤란한 일을 겪기도 하지만 순수한 성품을 가졌어요. 모든 것에 관심이 많고 성실한 성격이에요.

음식 이야기

1 문서의 특정 위치에 책갈피를 추가해요!

1 한글 2022 프로그램을 실행하여 [Chapter 23_샌드위치_햄버거]-**샌드위치_햄버거.hwp** 파일을 불러와요.

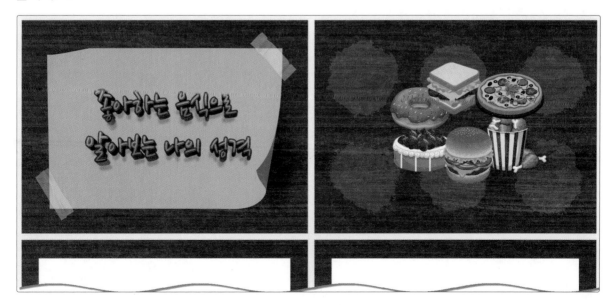

② **3페이지**의 **도넛** 텍스트 앞쪽을 클릭하여 커서를 위치시켜요.

③ [입력]-[책갈피(📑)]를 클릭해요.

④ 책갈피 이름에 **도넛**이 입력된 것을 확인한 다음 <넣기>를 클릭해요.

 책갈피는 어떤 기능인가요?

 실제로 책을 읽을 때 특정 페이지에 책갈피를 끼워본 경험이 있나요? 한글 프로그램에서도 책갈피 기능을 이용하여 표시된 위치로 한 번에 이동할 수 있는 기능이 있답니다.

❺ 이번에는 **4페이지**의 **샌드위치** 앞쪽을 클릭하여 커서를 위치시켜요.

❻ **[입력]–[책갈피(📑)]**를 클릭한 다음 **샌드위치**가 입력된 것을 확인하고 **<넣기>**를 클릭해요.

팁 **책갈피 목록을 확인해요.**
책갈피 목록에서 현재 문서에 추가된 책갈피 이름을 확인할 수 있어요.

---

② **하이퍼링크를 지정하여 책갈피로 이동시켜요!**

❶ 2페이지에 삽입된 음식 그림을 아래와 같이 배치해요.

② 도넛 모양의 그림 위에서 마우스 오른쪽 버튼을 눌러 **[하이퍼링크]**를 클릭해요.

③ 연결 대상을 **[한글 문서]-도넛**으로 선택한 다음 <넣기>를 클릭해요.

④ Esc를 눌러 선택을 해제한 다음 Ctrl을 누른 채 도넛 그림을 클릭하여 **도넛 책갈피** 위치로 이동하는 것을 확인할 수 있어요.

① 샌드위치 그림에 하이퍼링크를 지정하여 '샌드위치' 책갈피 위치로 이동시켜 보세요.

② 5페이지~8페이지에 각각 책갈피를 추가한 다음 그림에 알맞은 하이퍼링크를 지정해 보세요.

③ [도구]-[프레젠테이션(📺)]-[프레젠테이션 실행]을 클릭하여 하이퍼링크를 확인해 보세요.

실습파일 : 샌드위치_햄버거_연습문제.hwp   완성파일 : 샌드위치_햄버거_연습문제(완성).hwp

① 문서 보기 방식을 '쪽 맞춤'과 '한 쪽'으로 변경해요.

② 문제1~문제4의 정답 텍스트에 하이퍼링크를 지정해요. ▶ 다음 문제(문제2~문제5) 책갈피

③ 문제5의 정답 텍스트에 하이퍼링크를 지정해요. ▶ 'CLEAR' 책갈피

④ [도구]-[프레젠테이션(📺)]-[프레젠테이션 실행]을 클릭하여 하이퍼링크를 확인해 보세요.

※ 하이퍼링크가 적용된 텍스트는 처음 생성되었을 때 파란색으로 나타나고, 한 번 이상 클릭하게 되면 자주색으로 변경됩니다.

이만큼 배웠어요

퀴즈를 풀어보면서 지금까지 배운 내용을 정리해요

1 글자 또는 문자를 서로 겹쳐 새로운 형태로 만들 수 있는 기능은 무엇일까요?

① 문자표　　　　② 형광펜　　　　③ 그리기마당　　　　④ 글자 겹치기

2 여러 번 반복되는 텍스트 서식을 한 번에 수정할 때 편리한 기능은 무엇일까요?

① 스타일　　　　② 책갈피　　　　③ 하이퍼링크　　　　④ 텍스트상자

3 글자를 다양한 형태로 꾸밀 수 있도록 제공하는 기능은 무엇일까요?

① 문단 번호

② 그림

③ 글맵시

④ 글자 모양

4 먹을 것이 없던 흑인들이 닭의 특수한 부위들을 기름에 튀겨 만들어 먹던 음식을 무엇이라고 하는지 적어보세요.

5 퐁듀를 먹게 된다면 어떤 재료를 이용하면 좋을지 적어보세요.

학생	선생님	부모님

아래 작업 순서를 참고하여 문서를 완성해요

실습파일 : 24_연습문제.hwp   완성파일 : 24_연습문제(완성).hwp

작업 순서

❶ 용지 방향을 '가로'로 변경해요.

　• 편집 용지 설정 : [쪽]-[편집 용지] → 용지 방향-가로(▤)

❷ 글맵시를 이용하여 제목을 만들어요.

　• 글맵시 : [입력]-[글맵시(가나다)]

❸ 캡처 기능을 이용하여 음식 사진을 추가해요.

　• 갭처 · [입력]-[그림]-[스크린 샷(◉)]

팁 **어떤 그림을 넣어야 할까요?**

아래 내용을 참고하여 각 나라의 음식 중 가장 좋아하는 음식의 사진을 찾아 넣어보세요.

　• 한식 : 한국 음식　　　• 양식 : 서양 음식
　• 중식 : 중국 음식　　　• 일식 : 일본 음식

MEMO